La guérison d'un champion

Katrin Kaiser est née en 1967 en Allemagne. Elle a étudié à Münster la politique, les sciences de la communication et l'histoire moderne. Elle a travaillé comme rédactrice pour des magazines avant de se lancer comme conseillère indépendante pour différentes rédactions.

Illustration de couverture : Philippe Munch

Cet ouvrage a été proposé à l'éditeur français
par l'agence Editio Dialog, Lille

Loi n° 49-956 du 16 juillet 1949
sur les publications destinées à la jeunesse.
Dépôt légal : novembre 2013

ISBN : 978-2-7470-4329-8
Imprimé en Espagne par Novoprint

Katrin Kaiser

Manon
Cavalière et vétérinaire

La guérison d'un champion

Traduit de l'allemand
par Florence Quillet

bayard poche

–1–

– Dépêche-toi, Manon, on va rater le début ! piaffa Pauline en pianotant nerveusement sur la porte du box.

Manon jeta un rapide coup d'œil à sa montre et répondit sans s'émouvoir :

– L'émission ne commence que dans dix minutes. Ça nous laisse encore un peu de temps. Au fait, depuis quand tu t'intéresses à l'heure ? C'est nouveau, ça !

Pauline était si souvent en retard que c'en était devenu un sujet de plaisanterie. Elle expliqua avec un haussement d'épaules :

– C'est tellement rare qu'on puisse suivre un concours complet* à la télé ! Bon, j'y vais. Tu me rejoins plus tard ?

---

* Les mots signalés par un astérisque font l'objet d'une définition dans le glossaire en pages 153 à 156.

Elle s'éloigna sans attendre la réponse. Manon finit de panser son poney pie à la belle robe blanche tachetée de brun, puis palpa avec précaution la cicatrice de son abdomen et la massa du bout des doigts. Au début de l'été, Cooper avait eu une grave colique, et il avait fallu l'opérer en urgence…

Au souvenir de ce qu'il avait traversé, Manon eut un pincement au cœur. Elle n'était pas près d'oublier l'image de Cooper sur la table d'opération, les quatre fers en l'air, le ventre tondu, inerte sous l'effet de l'anesthésie… Heureusement, les choses étaient rentrées dans l'ordre depuis. Le poney avait même droit à une demi-heure de promenade par jour.

Il s'ébroua et lui donna un coup de tête qui la fit rire. Le gourmand voulait une friandise ! C'était bon signe, il n'était pas traumatisé par ce qui lui était arrivé… Manon fouilla dans sa poche et lui tendit une carotte, puis elle se dirigea vers le club-house.

En plus d'un bar et d'un restaurant, le club de l'Émeraude mettait à la disposition de ses membres une vaste salle de repos, chaleureuse et confortable. Lorsqu'elle en poussa la porte, les copines de Manon étaient déjà toutes installées devant la télévision. Elle s'assit à côté de Pauline et se concentra sur les explications du présentateur. L'obstacle le plus redoutable de ce parcours de cross, disait-il, était le gué.

Il annonça ensuite les résultats des épreuves de dressage de la veille. À l'écran apparut un alezan splendide exécutant au trot* moyen une diagonale dans le carré de dressage.

– Sudoku et son cavalier Damien Prigent abordent l'épreuve de cross en excellente position, juste derrière la favorite britannique Myriam Berkeley sur son champion, Blue Mover ! commenta le journaliste. Pour son premier concours complet, Sudoku semble extraordinairement en forme. Sa prestation d'hier était remarquable...

La caméra zooma sur la tête de l'étalon. Celui-ci avait de grands yeux noirs et une large étoile* blanche sur le front. Pendant toute la durée de l'épreuve, ses oreilles restèrent pointées vers son cavalier. De l'écume blanche moussait autour de ses naseaux.

– Ce que j'aimerais monter un cheval comme celui-là ! soupira Solène. Au moins une fois dans ma vie !

– Tu as déjà du mal à empêcher Tanaka de s'emballer pendant les reprises, se moqua gentiment Manon. Je n'ose pas imaginer ce qui se passerait avec un champion !

– J'ai bien le droit de rêver, non ? ronchonna Solène.

– Chut les filles ! fit Pauline en prenant quelques chips dans le paquet qui circulait à la ronde. Ça commence !

Elles se turent, les yeux rivés sur le poste.

La première cavalière entra en piste. Son pur-sang* était parfaitement à l'aise. Il abordait les obstacles avec calme et détermination, et les sautait sans effort apparent.

Manon poussa un petit sifflement :

– Je me demande comment elle fait…

– Son cheval sait exactement quels appuis prendre, indiqua Pauline. Et puis, si tu regardes bien, tu verras que ses antérieurs sont enduits de vaseline. Ça lui évite de se faire mal lorsqu'il frôle les obstacles.

– Comment tu le sais ? s'étonna son amie.

Pauline eut un sourire gêné.

– Je l'ai lu… En fait, je me suis acheté quelques bouquins. J'ai tellement envie de progresser ! Peut-être qu'un jour j'arriverai à ce niveau de compétition.

– Tu n'as pas peur ? demanda Manon. Le cross, c'est dangereux, non ?

Pauline secoua la tête.

– Le tout, c'est de commencer par des parcours faciles. Mais je ne suis pas sûre que Sherazade soit faite pour ça. Seulement, je ne le saurai que lorsque…

S'interrompant au milieu de sa phrase, elle pointa un doigt vers l'écran.

– Regarde ! C'est Damien Prigent ! Sudoku est vraiment hallucinant !

Le champion se dirigea vers la boîte de départ, où il attendit tranquillement son tour. Au signal, il s'élança sur le parcours, enchaînant les obstacles à un train d'enfer. À un endroit, il trébucha, mais se reprit aussitôt et franchit l'obstacle haut la main. Le commentateur se mit à hurler dans son micro :

– Incroyable ! Et c'est la première participation de ce cheval à un concours d'un tel niveau ! Mesdames et messieurs, l'exploit que Damien Prigent et Sudoku réalisent sous nos yeux est tout simplement prodigieux ! Les voici qui arrivent au gué, la principale difficulté de ce parcours… L'an dernier, cet obstacle a été fatal à de nombreux concurrents.

Les oreilles pointées, Sudoku traversa un petit bosquet, puis s'approcha au galop du fameux obstacle. Il s'agissait de sauter un gros tronc d'arbre et de se réceptionner dans l'eau.

Tout se passa alors très vite : l'étalon freina des quatre fers et fit volte-face. Son cavalier eut toutes les peines du monde à se maintenir en selle. Le visage crispé, il reprit la main et ramena rapidement son cheval face à l'étang. Sudoku s'avança en renâclant et, de nouveau, refusa l'obstacle. Mais cette fois, au lieu de s'enfuir, il recula d'un air paniqué, puis se cabra en montrant le blanc des yeux.

Son cavalier, lui tapotant doucement l'encolure, l'entraîna vers la suite du parcours.

– Ce double refus va lui coûter la victoire, commenta le présentateur. Non seulement il lui a fait perdre un temps précieux, mais surtout il entraîne un retrait de quarante points. Après une telle contre-performance, on peut se demander si Sudoku pourra se présenter aux prochains championnats du monde. C'est curieux, car ce problème ne s'est jamais présenté auparavant. Ce cheval semble avoir la phobie de l'eau. Quel dommage, pour un animal aussi talentueux ! Nous interrogerons Damien Prigent dès qu'il sera disponible. Peut-être pourra-t-il nous en dire plus…

Le concurrent suivant apparut à l'écran. Manon n'écoutait plus.

« Comment est-il possible qu'un cheval se mette à avoir peur de l'eau du jour au lendemain ? », s'étonnait-elle.

Au même instant, Myriam Berkeley entra en piste. Elle effectua un sans-faute qui la conforta dans sa position de favorite. Puis un grand cavalier blond apparut aux côtés du reporter. C'était Damien Prigent. Le présentateur lui agita son micro sous le nez :

– Monsieur Prigent, Sudoku paraissait en pleine forme. Il a franchi tous les obstacles haut la main, à l'exception du gué. Comment expliquez-vous son refus ? Est-ce la première fois qu'il se comporte ainsi, ou vous a-t-il déjà donné du fil à retordre ?

Damien Prigent secoua la tête.

– Sudoku avait trois ans quand je l'ai acheté, et jusqu'à aujourd'hui, il n'a jamais eu peur de rien. Et il a toujours été parfaitement fiable. Je n'ai pas la moindre idée de ce qui a pu se passer. Je m'entraîne sur une piste qui comporte un obstacle quasi identique. Ça n'a jamais posé de problème. Il a peut-être mal quelque part… La vétérinaire n'a rien constaté d'anormal, mais je ne veux pas prendre le moindre risque, et je me suis retiré de la compétition…

Le présentateur rendit l'antenne :

– Ainsi se termine notre émission…

Les filles éteignirent le téléviseur. Pauline plongea la main dans le paquet de chips et y récupéra les dernières miettes.

– Bizarre, hein ? lança-t-elle à la cantonade. Il n'y a aucune raison pour qu'un cheval de cette trempe réagisse comme ça devant un simple gué. Pour lui, c'est de la rigolade…

Manon haussa les épaules.

– Je trouve aussi. Mais bon… je file, j'ai du travail. Tchao, les filles !

Avant de partir, elle courut s'assurer que Cooper allait bien. Depuis l'épisode de sa colique, elle avait toujours peur qu'il retombe malade. Mais le poney mastiquait tranquillement son fourrage. Il s'interrompit pour se laisser caresser, puis reprit son dîner d'un air indifférent.

Le sourire aux lèvres, Manon quitta l'écurie. Sa journée était encore loin d'être terminée. Elle avait travaillé tout l'été à la clinique équine voisine pour payer l'opération de Cooper, et elle avait si bien su se rendre utile que Julie Verdier, la vétérinaire, lui avait proposé un job. Dès qu'elle avait un moment de loisir, Manon filait s'occuper des chevaux hospitalisés.

Elle enfourcha sa bicyclette et appuya sur les pédales.

–2–

La clinique des Préaux n'était qu'à quelques kilomètres du centre équestre. Manon abandonna son vélo dans la cour et alla droit à l'écurie, où son arrivée suscita des réactions diverses parmi la demi-douzaine de chevaux présents ce jour-là. Certains continuèrent à mastiquer leur foin sans faire attention à elle, d'autres tournèrent la tête dans sa direction. Parmi eux, elle remarqua un petit hongre bai qui la regardait avec curiosité, et qu'elle n'avait encore jamais vu. Il devait être arrivé dans la journée.

– Qui tu es, toi ? lui demanda-t-elle en riant.

Elle consulta la fiche punaisée sur le tableau d'affichage à gauche de la porte, et lut à voix haute :

– Zodiaque, c'est ça ? Et qu'est-ce que tu as, mon grand ?

– Tu t'attends peut-être à ce qu'il te réponde ? railla une voix dans son dos.

Elle se retourna en sursaut. Benjamin, le fils de la secrétaire, la fixait d'un air ironique.

– Les chevaux répondent rarement aux questions qu'on leur pose, poursuivit-il. Jamais même ! Sauf dans les séries d'équitation gnangnan, évidemment !

Autant Carole, la secrétaire, était aimable avec tout le monde, autant son fils était insupportable. Il ne ratait aucune occasion de se moquer de Manon et de sa passion pour les chevaux. Lui, la seule chose qui l'intéressait, c'était sa musique et son groupe de rock.

Manon ne se laissa pas intimider.

– Erreur, mon cher ! Les chevaux ont leur propre langage, le tout est de savoir les écouter. Ce n'est pas comme toi : avant qu'on découvre ce que tu as à dire, les poules auront des dents. Il sort quand déjà, ton fameux tube ?

Benjamin se renfrogna aussitôt.

– Qu'est-ce que ma mère t'a encore raconté ? grogna-t-il. Que son fils est un bon à rien qui passe sa vie à répéter ? Et toi, bien sûr, tu l'as crue ? Qu'on puisse avoir une vie en dehors des chevaux, ça vous dépasse. Ah, vous faites bien la paire, toutes les deux !

Furieuse contre elle-même, Manon se mordit les lèvres. Elle aurait mieux fait de se taire. Mais c'était plus fort qu'elle : chaque fois qu'il l'asticotait, au lieu de l'ignorer, elle ripostait. Et récoltait à tous les coups une remarque acide qui la déstabilisait complètement.

Zodiaque baissa la tête et renifla ses mains.

– Désolée, mon vieux, murmura-t-elle en lui caressant le front. Je ne peux rien te donner. Si par hasard tu dois être opéré demain, il faut que tu sois à jeun.

Sur ces mots, elle passa devant Benjamin et alla prendre ses instructions à la réception.

– Eh bien, tu en tires une tête ! s'exclama Carole. Qu'est-ce qui t'arrive ?

– Oh rien, éluda Manon avec un petit geste de la main. C'est juste que… je viens de croiser Benjamin. Je ne sais pas pourquoi il est aussi agressif avec moi. Dès qu'il me voit, j'ai droit à une vanne.

Carole haussa les épaules.

– Si ça peut te rassurer, il est comme ça avec tout le monde. Son père était pareil. Mais, au fond, c'est un gentil garçon. Il se donne de grands airs pour cacher sa timidité, c'est tout.

– Génial ! gronda Manon en attrapant le planning des consultations. Bon, c'est quoi, le programme ? Julie a laissé des consignes ?

– Oui, c'est le jour de repos de Patrick. Elle compte sur toi pour nourrir les chevaux et faire les box. Tu trouveras les médicaments au labo, elle a tout préparé. Et s'il te reste un peu de temps, il faudrait longer le petit hongre bai. Tu l'as vu ?

– Zodiaque ? Oui, il a l'air cool. Qu'est-ce qu'il a ?

Fouillant dans les papiers, Carole parcourut la fiche d'admission.

– Un abcès dentaire. Il doit être opéré demain.

– Je vois. J'ai du pain sur la planche. Julie n'est pas là ?

– Elle a été appelée cet après-midi pour une urgence. Je n'en sais pas plus.

Manon regagna l'écurie en sifflotant. Elle était toujours beaucoup plus détendue quand Patrick était absent. Le vieux soigneur était moins désagréable avec elle qu'à ses débuts à la clinique, mais elle avait encore du mal à le cerner. Il parlait peu, ne riait jamais, et ne lui laissait rien passer. À la moindre erreur, il lui tombait dessus à bras raccourcis. Elle avait tellement peur de mal faire en sa présence qu'elle en perdait ses moyens.

Elle se mit au travail. Elle nettoya les litières, nourrit les chevaux qui y avaient droit, distribua les médicaments, puis alla chercher Zodiaque dans son box.

– Demain, tu n'auras plus mal aux dents, lui promit-elle en lui flattant l'encolure.

Elle lui enfila son licol et l'entraîna dehors. Les oreilles pointées, il la suivit sans se faire prier. C'était un animal extrêmement docile et gentil. Elle le longea pendant un moment, puis le ramena à l'écurie.

« Sept heures, déjà ! s'affola-t-elle en consultant sa montre. C'est fou, je n'ai pas vu le temps passer ! »

Au même instant, le téléphone sonna. Carole répondit.

– Tu pourrais préparer un box ? lança-t-elle peu après. Julie arrive dans dix minutes avec un cheval à hospitaliser. Litière de copeaux de bois, foin, eau à volonté !

De nouveau, Manon s'arma d'une brouette. Elle désinfecta le dernier box vacant, y répandit une épaisse couche de copeaux qui sentaient bon la résine, disposa du foin dans la mangeoire et vérifia l'abreuvoir. Il était temps ! À peine avait-elle terminé qu'un bruit de moteur se fit entendre.

Elle sortit, et demeura bouche bée devant l'énorme camion gris métallisé qui venait de pénétrer dans la cour. Le dessin d'un cheval en plein saut surmonté de l'inscription « COMPÉTITION » signalait des animaux d'exception. Julie Verdier, qui suivait au volant de sa fourgonnette bleue, s'arrêta derrière le van, sauta de son siège et regarda autour d'elle comme si elle cherchait quelqu'un des yeux.

– Patrick n'est pas là ? lança-t-elle à Manon.

– Non, c'est son jour de congé.

– Ah bon ! Alors aide Damien à décharger, s'il te plaît !

Manon fit un pas vers le camion… et se figea. Ce n'était pas possible, elle devait rêver ! Ce type blond… mais oui, c'était Damien Prigent !

– Qu'est-ce que tu as à rester plantée là ? l'apostropha-t-il.

– Je… euh… excusez-moi, bredouilla-t-elle, je vous ai vu tout à l'heure à la télé et…

– … et tu as assisté à la chute du champion en direct, enchaîna-t-il. La cata ! En moins de trois minutes, le plus grand espoir du concours complet a ruiné sa carrière. Sauf si Julie arrive à le guérir. Mais, pour ça, il faudrait un miracle !

Il déverrouilla la porte latérale et appuya sur un bouton. Le pont automatique s'abaissa lentement. À l'intérieur se trouvaient quatre chevaux, dont un que Manon reconnut immédiatement.

Sudoku !

Damien Prigent le détacha et le fit sortir avec précaution. Le pur-sang portait une couverture de transport légère, et ses membres étaient entourés d'épais bandages*. Sa crinière était artistiquement tressée.

« Il est encore plus beau en vrai qu'à la télévision ! », s'extasia Manon.

La vétérinaire l'arracha à sa rêverie.

– Manon ? Conduis Damien à l'écurie, s'il te plaît !

– Tout de suite ! répondit la jeune fille en se secouant.

Elle guida le cavalier et sa monture jusqu'au box qu'elle avait préparé, et s'effaça pour les laisser entrer.

Damien Prigent ôta le licol de Sudoku et le tendit à Manon.

– Tu pourrais lui retirer ses bandages et lui défaire ses tresses ? demanda-t-il. Ça serait sympa.

Sans attendre sa réponse, il se dirigea à grands pas vers le hall où l'attendait Julie Verdier.

Restée seule avec le pur-sang, Manon le regarda se jeter sur sa ration de foin.

« Quel animal splendide ! songea-t-elle avec admiration. Pourvu que Julie trouve ce qu'il a ! »

L'alezan ne semblait pas faire attention à elle. Elle se baissa et commença à lui ôter ses bandages avec précaution. En cheval bien élevé, il attendit la fin de l'opération sans broncher. Lorsqu'elle eut terminé, elle lui retira sa couverture, lui défit ses tresses, donna un rapide coup de peigne à sa crinière, et sortit en refermant doucement la porte derrière elle.

À première vue, ce cheval avait l'air en parfaite santé. Cependant, les quelques semaines que Manon avait passées à la clinique lui avaient appris combien les apparences pouvaient être trompeuses.

Elle replia la couverture et roula les bandages. Au même instant, Julie Verdier pénétra dans l'écurie, accompagnée de son client qui lui parlait avec animation :

– … ne devient pas phobique du jour au lendemain ! Jusqu'à présent, le gué ne lui a jamais posé de problème. Il doit bien y avoir une explication ! Essaie de la trouver, je t'en supplie. J'ai tout misé sur ce cheval. Avec lui, je suis sûr d'avoir une chance aux prochains championnats du monde.

S'avançant vers Manon, il demanda :

– Pas de souci ? Sudoku n'est pas toujours commode…

Julie Verdier posa la main sur l'épaule de sa protégée.

– Cette petite est une fée, assura-t-elle avec un sourire. Je ne sais pas comment elle s'y prend, mais elle a le chic pour amadouer les chevaux les plus récalcitrants. Avec elle, Sudoku est en bonnes mains, tu peux me faire confiance.

Manon n'en crut pas ses oreilles. Rêvait-elle ou Julie Verdier venait-elle de lui confier la charge de Sudoku ?

– Je serais ravie de pouvoir m'occuper de votre cheval, monsieur Prigent, balbutia-t-elle. C'est un grand honneur pour moi.

– Appelle-moi Damien, va, la reprit-il gentiment. Si Julie me dit que je peux compter sur toi, je la crois sur parole.

Se tournant vers la vétérinaire, il ajouta :

– Bon, il faut que je vous laisse, à présent. J'ai les autres chevaux à ramener. J'espère que tu auras vite de bonnes nouvelles à me donner, Julie. J'attends ton coup de fil.

Quelques instants plus tard, il quittait la clinique au volant de son camion. Manon le suivit des yeux jusqu'à ce qu'il ait disparu, puis hasarda :

– Vous le connaissez depuis longtemps ?

La vétérinaire eut un petit rire.

– Qui ? Damien ? Plutôt, oui : c'est mon ex-mari ! Malheureusement, on ne se voyait jamais : il était tout le temps en tournoi, et moi, j'étais prise par mon travail…

Fixant Manon avec gravité, elle poursuivit :

– Dans ces conditions, ça ne pouvait pas marcher. Mais on est restés bons amis, ce qui n'est déjà pas si mal. Et, cet après-midi, c'est moi qu'il a appelée au secours de Sudoku. Il sait que je ne lâcherai pas tant que je n'aurai pas trouvé la cause de cette phobie subite. Même si je n'ai pas encore la plus petite idée de ce qui a pu se passer.

La jeune femme consulta sa montre et s'écria avec effroi :

– Mon Dieu, Manon, tu sais quelle heure il est ? Tu devrais être chez toi depuis longtemps !

Manon frissonna. Cette fois, pas de doute, ça allait barder. Sa mère avait eu du mal à accepter qu'elle continue de travailler à la clinique, et elle avait fixé ses conditions : une heure par soir les jours de semaine, maximum ; deux le week-end, et encore, sous réserve que les résultats scolaires n'en souffrent pas…

– Je te ramène, proposa Julie Verdier en ouvrant la porte arrière de sa fourgonnette. Mets ton vélo là-dedans…

Manon obéit. Avec un peu de chance, quand sa mère verrait que la vétérinaire avait pris soin de la raccompagner, elle ne râlerait pas trop…

« De toute façon, qu'elle m'engueule ou pas, ça m'est égal, songea-t-elle en prenant place à l'avant. Quand on a la chance de s'occuper d'un champion comme Sudoku, ça ne compte pas. »

Sa mère écouta poliment les explications de Julie Verdier, mais sitôt celle-ci repartie, elle explosa :

– Je te préviens, je ne tolérerai pas que ça se reproduise !

– Maman, tu ne te rends pas compte ! implora Manon. Un cheval comme celui-là, je t'assure qu'on n'en rencontre pas tous les jours !

Sa mère poussa un soupir.

– Je ne vois pas ce qu'il peut y avoir de si excitant à remuer du fumier. On est samedi, tu aurais pu en profiter pour sortir avec tes copines ! Tu as des nouvelles de Pauline ?

– Pauline ? Je crois qu'elle avait prévu de regarder un film chez Morgane.

– Pourquoi tu n'es pas allée les rejoindre ?

Manon leva les yeux au ciel.

– Maman ! Tu sais bien que je préfère mille fois mon job à la clinique.

Pour changer de sujet, elle demanda :

– Et toi, qu'est-ce que tu as fait aujourd'hui ?

Un sourire éclaira le visage de sa mère.

– Moi ? Je suis allée en ville.

Ça, ça voulait dire que sa mère lui avait acheté quelque chose. Du genre : un T-shirt moulant immettable, un pantalon rose ou une robe à fleurs. Manon s'attendit au pire. Sa mère avait des goûts totalement à l'opposé des siens.

Ce coup-ci, elle lui avait trouvé une jupe. Sous le genou, dans un tissu à paillettes brillantes. LE truc qu'elle ne porterait jamais !

– Merci, M'man, fit-elle avec un sourire contraint. C'est gentil de ta part. Mais…

– Je suis sûre qu'elle te va comme un gant ! la coupa sa mère. Tu pourras la mettre pour ton anniversaire. Au fait, tu as pensé à une idée de cadeau ?

– Oui, il y a des bouquins qui…

– De préférence, quelque chose sans rapport avec l'équitation, enchaîna sa mère. Du maquillage, par exemple, ou des CD…

Manon soupira. Sa mère ne voulait pas comprendre qu'elle se moquait de son look. Sachant qu'il était inutile d'insister, elle coupa court :

– Bon, je vais y réfléchir. Je te dirai ça plus tard…

Elle alla embrasser son père dans le salon.

– Alors, ma puce ? questionna-t-il. Qu'est-ce qui s'est passé pour que tu rentres si tard ?

Elle lui raconta l'histoire de Sudoku. Il l'écouta avec attention, puis demanda :

– Tu ne veux pas manger un morceau ?

Alors seulement, elle s'aperçut qu'elle mourait de faim.

–3–

– Oooooh ! fit la vétérinaire en faisant un pas vers la pouliche* pur-sang qu'on venait de lui amener. Tout doux, jeune fille !

Loin de se calmer, la gracieuse pouliche gris pommelé rejeta la tête en arrière et recula en tirant sur sa longe. Sa propriétaire eut toutes les peines du monde à la retenir.

Du portail, Manon prit la mesure de la situation. Ce matin-là, elle s'était offert le luxe d'une grasse matinée. Elle avait pris son petit-déjeuner tranquillement avec ses parents, puis s'était mise en route sans se presser. Les trajets à vélo ne lui pesaient pas, au contraire, elle aimait ces moments où elle pouvait laisser vagabonder ses pensées sans rendre de comptes à personne, toute à la joie de ce qui l'attendait. Elle adorait son travail à la clinique. Surtout depuis que Loïc Béranger, le nouvel assistant de Julie Verdier, avait été embauché en renfort ! Il était très patient avec elle, et lui expliquait tout ce qu'elle avait besoin de savoir. Sans le crachin normand qui tombait sans discontinuer depuis le lever du jour, le bonheur de Manon aurait été complet.

Elle gara son vélo sous l'auvent et regarda la pouliche qui, les sabots plantés sur les pavés glissants, refusait obstinément de bouger. Plus sa propriétaire essayait de la faire avancer, plus elle renâclait.

Voyant que Loïc était avec Julie, Manon se dit qu'ils n'avaient pas besoin d'elle. Elle les salua d'un petit geste de la main et se dirigea vers la réception. Quand elle s'entendit appeler :

– Manon, tu peux conduire Savannah en salle de soins, s'il te plaît ?

La jeune fille rejoignit le petit groupe à grands pas.

– Le propriétaire n'est pas toujours la personne la mieux indiquée pour faire entrer un cheval à la clinique, expliqua Julie à la propriétaire, une grande dame aux joues rouges et aux cheveux blonds. Pour peu qu'il éprouve lui-même un peu d'appréhension, il lui transmet son inquiétude, et l'animal devient nerveux. En général, ça se passe mieux quand c'est un membre de notre staff qui s'en charge.

La dame comprit le message. À contrecœur, elle tendit les rênes à Manon. Celle-ci la remercia d'un sourire poli, puis fit faire quelques tours dans la cour à la pouliche. Peu à peu, celle-ci se calma. Mais quand Manon voulut l'entraîner à l'écurie, elle s'arc-bouta une nouvelle fois sur ses sabots.

– Ça s'annonce compliqué, soupira Julie Verdier. Si je ne peux pas l'approcher, je ne vois pas comment je vais pouvoir la soigner.

Et elle poursuivit à l'intention de son assistant :

– Savannah est une énigme. Elle présente une boiterie relativement discrète au membre antérieur gauche, et jusqu'à présent, je n'ai pas réussi à en déterminer la cause. Je pensais procéder à une anesthésie diagnostique.

Se tournant vers la propriétaire, elle demanda :

– Vous savez de quoi il s'agit ?

– Vous endormez la douleur par étapes, c'est ça ?

– Effectivement, confirma Julie Verdier. On commence par lui injecter un antalgique* au niveau du talon. On attend que le produit agisse et on la fait trotter. Si elle boite toujours, c'est que l'origine de l'affection se situe plus haut. Auquel cas, on remonte d'un cran, et on procède de la même manière avec le boulet*. Et ainsi de suite, jusqu'à ce qu'elle ne boite plus. L'inconvénient de cette méthode, c'est que ça peut prendre un certain temps. Vous n'êtes pas trop pressée, j'espère ?

La propriétaire fit signe que non.

Songeuse, Julie Verdier murmura :

– Seulement, pour ça, il faut que j'arrive à la piquer. Ça ne va pas être de la tarte… Allez Manon, essaie de l'amener en salle de soins.

Manon fit une nouvelle tentative, qui se révéla aussi infructueuse que les précédentes : la pouliche rejeta la tête en arrière et montra le blanc des yeux.

– Je ne comprends pas ! gémit sa propriétaire. D'habitude, elle est douce et gentille !

« Douce et gentille » ? Ce n'étaient pas les mots qu'aurait employés Manon. Pour elle, cette pouliche était particulièrement rétive et mal élevée.

Sourcils froncés, Loïc fit un pas en avant.

– Julie, tu permets ?

– Je t'en prie, répondit la vétérinaire. De toute façon, tu ne perds rien à essayer.

Elle jeta un coup d'œil sur sa montre et ajouta à l'intention de Manon :

– Manon, va dire à Patrick de préparer Zodiaque pour son avulsion dentaire*.

La jeune fille disparut à l'écurie. Le soigneur achevait de nettoyer un box libéré dans la matinée.

– Bonjour Patrick ! lança-t-elle. Julie demande si vous pouvez préparer Zodiaque pour l'intervention ?

– Pas possible, grommela-t-il en secouant la tête. Sa propriétaire est passée ce matin… cette imbécile, elle aurait mieux fait de rester chez elle ! Bref, Julie ne l'opérera pas aujourd'hui.

Sur ces mots, il s'éloigna. Manon en resta les bras ballants. Qu'est-ce que ça signifiait ?

Avant d'aller transmettre ce message à la vétérinaire, elle ne résista pas à l'envie de jeter un coup d'œil à Sudoku. L'alezan somnolait dans un coin de son box. Sans doute les émotions de la veille l'avaient-elles fatigué.

Dehors, Loïc marchait d'un pas tranquille devant Savannah. De temps en temps, il s'arrêtait à brûle-pourpoint et l'obligeait à reculer.

Manon l'observa avec attention. Elle avait procédé de la même manière, mais le jeune vétérinaire avait une assurance et une autorité qui devaient lui faire défaut, car il obtenait tout ce qu'il voulait de l'animal.

– Loïc applique une technique qui donne souvent des résultats étonnants, expliqua Julie Verdier à la propriétaire. Il lui suffit de quelques minutes pour s'attirer la confiance des chevaux les plus farouches. Laissons-le travailler. Vous ne voulez pas un café en attendant ?

La dame sembla hésiter, puis la suivit à l'intérieur.

Manon demeura en arrière. Le spectacle du jeune vétérinaire marchant devant la pouliche avait quelque chose de fascinant.

– Tu peux me dire ce que tu fais ? lui demanda-t-elle, à mi-voix pour ne pas effrayer Savannah.

– Je veux qu'elle apprenne à me faire confiance, répondit-il sur le même ton. Pour ça, je me comporte de la manière la moins dominatrice possible. Je ne la regarde pas, je lui tourne le dos et, surtout, j'évite toute confrontation directe. Et par le biais de quelques exercices simples, comme s'arrêter et reculer, je lui fais comprendre qu'elle peut obéir à mes ordres sans rien avoir à craindre de moi.

Manon fronça les sourcils.

– Mais… c'est exactement ce que j'ai fait !

Loïc eut un petit sourire.

– Tu n'as pas cessé de lui jeter des coups d'œil. Et tu te tenais beaucoup trop droite.

– Je ne vois pas ce que je peux avoir de si impressionnant ! ne put s'empêcher de pouffer Manon.

Elle s'apprêtait à fêter ses quinze ans, mais elle était très petite pour son âge. Et comme elle avait le visage constellé de taches de rousseur et des cheveux bouclés, les adultes la prenaient souvent pour une gamine.

– Pour les chevaux, ce n'est pas la taille qui compte, poursuivit le jeune vétérinaire. À leurs yeux, nous sommes des prédateurs au même titre que les bêtes féroces. Les hipparions, les premiers équidés, n'ont pu survivre qu'en s'enfuyant devant les fauves qui les attaquaient. Un tigre à dents de sabre ne regardait pas un cheval parce qu'il le trouvait beau, mais parce qu'il voulait le manger. Peu à peu, les chevaux ont assimilé tout regard direct à un danger imminent, et ce réflexe est profondément ancré en eux. Dommage pour nous, les vétos, car il faut bien que nous les examinions de temps en temps…

Manon éclata de rire. Loïc avait toujours une manière extraordinaire d'expliquer les choses. Il lui parlait comme à une adulte, mais en des termes simples et imagés. À quoi pouvait-il bien occuper ses loisirs ?

Elle allait lui poser la question quand Julie Verdier revint avec sa cliente.

– Alors, Robert Redford, qu'est-ce que ça donne ? lança la vétérinaire.

Loïc haussa légèrement les épaules.

– La demoiselle est vraiment très méfiante. Mais je pense qu'on peut réessayer.

La vétérinaire fit un pas en direction de la pouliche. Celle-ci se cabra aussitôt.

– Inutile d'insister, soupira Julie d'un air passablement énervé. Je n'y arriverai pas. À toi de jouer, Loïc. Tu t'en occupes ?

Loïc acquiesça. Au même instant, Patrick déboucha de l'écurie.

– Chef, je peux vous dire deux mots ?

Julie Verdier se retourna.

– Oui, qu'est-ce qu'il y a ?

– Mme Rossetti, la propriétaire de Zodiaque, est passée ce matin…

– Et ?

– Et elle a trouvé que son cheval n'était pas assez nourri. Elle lui a donné des céréales.

– Vous ne lui avez pas dit qu'il devait être à jeun pour l'intervention ?

– Si, bien sûr, mais c'était trop tard. Le mal était fait.

La vétérinaire soupira :

– Bon, eh bien, il faut remettre l'opération à demain. Que Carole appelle cette dame et qu'elle lui explique que je ne peux pas prendre le risque d'opérer un cheval qui n'est pas à jeun. Du coup, j'ai tout le temps de m'occuper de Savannah. Manon, tu veux bien aller chercher le matériel ?

L'adolescente courut au labo et rassembla les divers instruments et produits nécessaires. La vétérinaire avait eu recours à la méthode de l'anesthésie diagnostique plusieurs fois au cours de l'été, si bien que Manon connaissait le protocole. Elle disposa seringues et flacons sur un plateau stérile, et apporta le tout en salle de soins. Entre-temps, Loïc avait réussi à y amener Savannah. Debout derrière lui, Julie Verdier le guidait pas à pas :

– D'abord, tu désinfectes la zone avec de la teinture d'iode... Parfait. Maintenant, tu rases les poils sur quelques centimètres carrés... Impeccable !

Savannah se tenait à peu près tranquille. Quand Loïc lui enfonça l'aiguille dans le pied, elle tressaillit et agita nerveusement les oreilles, mais ce fut tout.

Soulagé, le jeune véto se redressa.

– Maintenant, il n'y a plus qu'à attendre quinze minutes que le produit fasse son effet, annonça Julie. Manon, tu peux surveiller l'heure s'il te plaît ? Loïc n'a pas encore vu notre nouveau patient !

Elle entraîna son assistant vers le box de Sudoku. Celui-ci était toujours en train de dormir.

– Aujourd'hui, je le laisse au repos, expliqua-t-elle. Je commencerai les investigations demain. De toute façon, le concours de Deauville était le dernier de la saison. Il n'y a donc pas d'urgence.

L'important, c'est qu'il ait retrouvé ses moyens au printemps prochain.

Marquant une pause, elle observa l'alezan avec attention, et poursuivit :

– Damien tient énormément à ce cheval. Il le croit capable de gagner des compétitions de niveau international. Imagine sa déception s'il devait renoncer à lui…

Elle entraîna son assistant un peu plus loin, et marqua un temps d'arrêt devant le box de Zodiaque. Sur le tableau d'affichage était punaisée une feuille avec, écrit en rouge : « RÉGIME SEC ! »

Un avertissement de Patrick à la propriétaire !

Lorsque le quart d'heure fut écoulé, Manon fit trotter Savannah dans la cour. Celle-ci boitait toujours.

– Bon, eh bien, on va essayer avec le boulet, décida la vétérinaire. Manon, ramène-la en salle de soins !

L'adolescente obéit. Cette fois, Savannah la suivit docilement. Mais quand elle vit s'approcher le jeune vétérinaire, échaudée par la première piqûre, elle se mit à souffler par les naseaux. Loïc reposa ostensiblement la seringue sur le plateau, puis lui massa les joues par petits gestes concentriques. Peu à peu, elle se détendit.

– Le massage des maxillaires, ça marche à tous les coups, indiqua Loïc à Manon.

Fronçant les sourcils, il ajouta :

– Tu peux lui fermer les yeux, s'il te plaît ? Qu'elle ne voie pas ce que je fais. Elle sentira à peine la piqûre.

Manon posa les mains à plat sur les yeux de la pouliche. À son grand étonnement, celle-ci ne broncha même pas quand Loïc la piqua.

Manon fut de nouveau chargée de surveiller l'heure. Quinze minutes plus tard, elle sortit avec Savannah et la fit trotter. La boiterie n'avait pas disparu.

Julie Verdier parut contrariée, et pria Loïc d'anesthésier le carpe.

– La plupart des gens disent le genou, expliqua-t-elle. En réalité, le membre antérieur ne comporte pas de genou. Le carpe ressemble davantage à notre poignet. Il est constitué d'une multitude de petits os. Voyons si le problème vient de là.

Ce fut une journée éreintante. Plus l'après-midi avançait, et plus Loïc devait développer des trésors d'ingéniosité pour tromper la pouliche et la piquer. Et Manon avait du mal à la persuader de trotter.

Julie Verdier finit par perdre patience.

– Ça ne sert à rien de s'acharner, le problème se situe sans doute ailleurs. Manon, va chercher Patrick et demande-lui de venir te montrer comment on fait un bandage.

– Un bandage ? s'étonna la propriétaire.

– Nous lui avons fait plusieurs piqûres, lui expliqua la vétérinaire en l'entraînant vers l'accueil. Le bandage a pour but de prévenir les infections en isolant ces micro-plaies des microbes qui traînent dans les box. Non que je remette en cause la propreté de son box, comprenez-moi bien. Mais, d'un point de vue médical, un box est un milieu fortement pathogène*.

Manon fut étonnée de la patience de Patrick. Il lui montra comment placer une compresse stérile et enrouler la bande autour du membre blessé. Puis il fixa le tout à l'aide d'une bande auto-adhésive bleue.

– Je te chaperonnerai encore une ou deux fois, dit-il quand il eut terminé. Et ensuite, tu pourras te débrouiller toute seule.

Manon n'en crut pas ses oreilles. Dans la bouche du soigneur, cette phrase équivalait à un compliment !

Tout heureuse, elle sortit Savannah dans la cour et aida à la charger dans le van.

4

Avant de prendre congé de la propriétaire, Julie Verdier lui fixa un autre rendez-vous.

– Je ne peux rien de plus pour l'instant, dit-elle à Manon lorsque le van eut disparu. Il faut laisser quelques jours à Savannah pour récupérer avant de passer à la suite.

– La suite ? s'étonna Manon. Pourquoi ? Vous avez une idée en tête ?

– Peut-être, répondit la vétérinaire. Cette boiterie pourrait venir de l'épaule. Ou du dos. Il faut que je regarde ça de plus près. Pour commencer, je demanderai conseil à un ostéopathe avec lequel je travaille de temps en temps. En tout cas, je chercherai jusqu'à ce que j'aie découvert ce qu'elle a.

Désignant un filet pendu à un crochet, elle ajouta :

– Tiens, bride donc Sudoku et promène-le un peu. Il n'est sûrement pas habitué à rester des journées entières sans bouger. S'il te donne du fil à retordre, tu m'appelles, d'accord ? Mais tu ne devrais pas avoir de problème, je suis certaine qu'il est très bien élevé.

Manon acquiesça d'un signe de tête. Elle était au septième ciel : promener un champion comme celui-là, quelle chance elle avait ! Elle pénétra dans le box de Sudoku et, très intimidée, lui passa le bridon avec précaution. Puis elle l'entraîna vers le manège. Au bout de quelques minutes, elle se détendit un peu. L'alezan marchait tranquillement à côté d'elle en allongeant le cou, les oreilles pointées, et fixait les installations de la clinique avec intérêt. Soudain, il tourna la tête en direction de la forêt et poussa un petit hennissement. Manon suivit son regard et vit Pauline qui arrivait à vélo. Elle salua son amie d'un petit signe de la main.

Pauline se débarrassa de sa bicyclette contre un arbre et s'approcha d'un air admiratif.

– Waouh ! s'exclama-t-elle, émerveillée par le spectacle de Sudoku. C'est le plus beau cheval que j'aie jamais vu ! Il me fait penser à celui d'hier, tu sais, celui qui a refusé l'obstacle…

– Tu ne crois pas si bien dire ! fit Manon en riant. Je te présente Sudoku, le meilleur espoir français en concours complet !

Pauline écarquilla les yeux.

– Quoi ? Tu te moques de moi !

– Pas du tout. Il est arrivé hier soir. Son cavalier pense qu'il a quelque chose, et il veut qu'on le soigne.

Estomaquée, Pauline s'écria :

– Hein ? Excuse-moi, je sais bien que Mme Verdier n'est pas n'importe qui et que sa clinique a une super réputation… Mais quand même, comment se fait-il qu'il soit ici ?

Manon buvait du petit-lait.

– Eh bien, Damien Prigent est l'ex-mari de Julie Verdier, lui apprit-elle sur le ton de la confidence. Mais ils sont restés bons amis. Et comme il sait qu'elle est têtue, il lui fait confiance pour trouver ce qu'il a.

Jetant un coup d'œil inquiet sur le pur-sang, elle ajouta :

– Je suis censée lui faire faire de l'exercice, pas rester là à bavarder avec toi. Tu me donnes quelques minutes ?

– OK ! approuva Pauline. T'occupe pas de moi. Je vous regarde.

Tandis que Manon promenait Sudoku, Loïc vint s'accouder à la barrière à côté de Pauline. Bien sûr, celle-ci engagea aussitôt la conversation :

– Quel cheval extraordinaire !

– N'est-ce pas ? acquiesça-t-il. On rêverait de le monter.

– Vous montez ? releva Pauline, piquée par la curiosité.

– Un peu, répondit distraitement le jeune véto, captivé par Sudoku. Je m'amuse à sauter de temps en temps. En amateur, juste pour le fun.

Et il conclut en lui tendant la main :

– Pardon, je ne me suis pas présenté : Loïc !

– Moi, c'est Pauline. Tu as ton propre cheval ?

Manon, qui l'avait entendu, sentit le rouge lui monter aux joues. Pauline connaissait Loïc depuis cinq minutes, et elle était déjà à tu et à toi avec lui ? De colère, elle pressa le pas. Sudoku perçut sa nervosité et se mit à piaffer. Mais elle n'y fit pas attention. Du coin de l'œil, elle vit Pauline repousser une mèche blonde derrière son oreille et décocher à Loïc un sourire enjôleur.

Manon serra les poings.

« Ce n'est pas possible ! pesta-t-elle intérieurement. Elle drague Loïc ouvertement ! Elle est incroyable : il suffit qu'elle ouvre la bouche pour que les garçons tombent sous son charme… »

Jusque-là, Manon n'avait jamais pris ombrage de la facilité avec laquelle Pauline se faisait de nouveaux amis, même si elle lui avait souvent envié sa spontanéité. Mais là, en la voyant bavarder avec Loïc, elle se sentait carrément trahie. Sans qu'elle s'en rende compte, sa main s'était durcie. De nouveau, Sudoku se mit à piaffer, mais comme elle avait la tête ailleurs, elle négligea l'avertissement. La réaction ne se fit pas attendre : le pur-sang se dressa sur ses postérieurs et fouetta l'air avec ses sabots. Manon recula avec effroi.

– Oooh Sudoku, tout doux ! tenta-t-elle de le calmer.

Patrick, accouru sur-le-champ, lui arracha la longe des mains et l'écarta sans ménagement, puis il attrapa le cheval par l'encolure et le calma en lui parlant d'une voix posée.

Les bras ballants, Manon le regarda faire.

– Qu'est-ce qui s'est passé ? demanda Pauline, médusée.

– Du grand n'importe quoi, voilà ce qui s'est passé ! gronda Patrick par-dessus son épaule. Quand on s'occupe d'un cheval aussi sensible, on se concentre ! On ne pense pas à autre chose en même temps ! Si on n'est pas capable de faire attention, on s'abstient.

Manon accusa le coup. Était-ce le même Patrick qui l'avait encouragée tout à l'heure ? Quand il lui avait montré comment faire un bandage, elle avait cru qu'il la considérait presque comme un membre de l'équipe. Mais non, vu la manière dont il venait de la remettre à sa place, il y avait peu de chance que ça arrive un jour. Et, le pire, c'était que Loïc avait assisté à la scène.

Elle aurait voulu disparaître dans un trou de souris. Mais Loïc était tout à ce que lui racontait Pauline :

– ... Je saute seulement depuis le début dc l'été, mais j'ai une jument très douée. On a même gagné le tournoi du club, toutes les deux. J'aimerais bien continuer à m'entraîner cet hiver, mais au domaine de l'Émeraude, c'est compliqué : il n'y a pas de manège couvert.

Loïc hocha la tête.

– J'ai une idée. Ma Cracotte est dans une écurie où il y a toutes les installations qu'on veut.

Il fit une courte pause avant d'ajouter :

– Tu sais quoi ? On pourrait y aller ensemble, ce serait bien plus amusant que tout seul. On pourrait même prendre des leçons avec un prof d'équitation. À deux, ça revient moins cher, qu'en penses-tu ?

Le visage de Pauline s'illumina.

– Ce serait génial ! Quand est-ce que tu es libre ?

Loïc se rembrunit.

– Pas souvent hélas. Ici, à la clinique, on n'est pas aux trente-cinq heures ! Quand une urgence se présente, je peux avoir à travailler très tard. Mais, en général, je monte à peu près une fois par semaine. Le lundi soir, ça t'irait ? Si tu veux, on peut commencer dès demain.

Pauline acquiesça avec enthousiasme. Les yeux de Manon lui sortirent de la tête. En moins d'une demi-heure, Pauline s'était débrouillée pour voir Loïc régulièrement.

Furieuse, elle tourna les talons. Mais en entrant dans l'écurie, elle entendit Patrick qui disait de son ton maussade habituel :

– Ça aurait pu très mal tourner.

Catastrophée, Manon se figea sur le seuil. Ainsi le vieux soigneur avait déjà mis Julie au courant de l'incident !

La réaction de la vétérinaire ne se fit pas attendre :

– Heureusement que Sudoku ne s'est pas fait mal ! Damien m'avait assuré qu'il avait bon caractère. Merci, Patrick. Je n'ose pas imaginer ce qui serait arrivé si vous n'aviez pas gardé un œil sur cette petite.

À ces mots, Manon voulut s'éclipser discrètement, mais ce mouvement attira l'attention de Julie.

– Manon ! lança sèchement celle-ci. Désormais, c'est Patrick qui s'occupera de Sudoku ! Je ne veux plus que tu t'approches de ce cheval. Tu n'as pas encore l'expérience requise.

Manon s'en alla en ravalant ses larmes. Par la porte vitrée, elle vit Pauline et Loïc discuter avec animation, revint sur ses pas pour sortir par la porte latérale, et enfourcha son vélo.

Quelques minutes plus tard, un cycliste la rattrapa. C'était Pauline. Manon continua à pédaler sans lui adresser la parole.

– Quelle mouche t'a piquée ? haleta son amie. Je viens te voir à la clinique, et tu ne m'attends même pas pour partir ?

– Je ne voulais pas interrompre votre conversation ! répliqua Manon sur un ton acide.

– Il est sympa, hein ? répondit Pauline. Pourquoi tu ne m'avais pas parlé de lui ? Si j'avais su qu'il y avait des vétos aussi mignons aux Préaux, je me serais proposée pour nettoyer les box !

– Ah oui ? ne put s'empêcher de railler Manon. Alors que tu tournes de l'œil à la vue d'une seringue ?

Pauline demeura imperturbable.

– Depuis quand il travaille chez vous ? Tu sais s'il a une copine ?

Manon lui jeta un regard en coin. Pauline était impeccable, comme d'habitude. Elle avait relevé ses cheveux blonds, et portait une veste écrue assortie à son pantalon d'équitation beige clair. Mais surtout, ses yeux bleus brillaient d'un éclat que Manon connaissait par cœur. Pauline était capable de tomber amoureuse plusieurs fois dans la même semaine et de rompre tout aussi facilement. En sa qualité de meilleure amie, Manon était toujours la première informée de l'évolution de ses idylles. Un privilège dont, cette fois, elle se serait bien passée.

Elle répondit dans un soupir :

– Il est arrivé il y a quelques semaines. Quant à savoir s'il a une copine… aucune idée. Jusqu'à tout à l'heure, j'ignorais qu'il possédait un cheval. On…

Manon s'interrompit. Elle n'avait pas envie de parler de Loïc. Ses explications, les conseils qu'il lui donnait, c'était quelque chose de trop précieux pour être partagé, même avec une amie intime. Elle tenait à le garder pour elle.

Pauline était sur un nuage, elle ne vit pas que son amie serrait les dents en retenant ses larmes. Arrivée devant chez elle, Manon garda les yeux baissés et fit semblant de chercher ses clefs dans sa poche pour ne pas avoir à la regarder.

– Je t'appelle demain soir pour te raconter comment ça s'est passé avec Loïc, lui lança Pauline en s'éloignant. D'accord ?

– D'accord, réussit à articuler Manon en s'engouffrant à l'intérieur.

–5–

Le lendemain, comme promis, Pauline appela Manon.

– Tu ne devineras jamais ! commença-t-elle d'une voix vibrante d'excitation. Cracotte est haute comme trois pommes, beaucoup trop petite pour un type comme lui ! Mais il l'a depuis toujours et il n'a jamais voulu s'en séparer. Si c'est pas mignon !

Manon émit un vague grognement. Pauline y vit un encouragement et continua :

– Il a été super gentil avec moi ! Il m'a donné des tas de conseils pour aborder les obstacles. Et, après, il m'a invitée à boire un verre !

Pauline fit une courte pause et se racla la gorge avant de demander :

– Tu crois que j'ai une chance ?

– Tu rêves ! répondit Manon d'une voix plus sèche qu'elle ne l'aurait voulu. Il a vingt-cinq ans, il finit ses études de véto et il est passionné par ce qu'il fait. Pour lui, on est des gamines.

Pauline resta quelques instants silencieuse. Puis son naturel optimiste reprit le dessus :

– Tu crois ? J'ai bientôt seize ans. Ça ne fait pas une si grosse différence…

Elle revint en long et en large sur sa soirée. Manon lui prêta une oreille distraite pendant quelques minutes, puis elle coupa court à la conversation :

– Écoute, je dois te laisser. J'ai des exos de maths à terminer.

Pauline en resta sans voix. C'était la première fois que Manon lui raccrochait au nez. D'habitude, elle l'écoutait lui parler de ses conquêtes pendant des heures. Là, ça n'avait pas l'air de l'intéresser le moins du monde.

Quand Manon arriva à la clinique, le mardi après les cours, Julie auscultait Sudoku dans la cour. De temps en temps, elle priait Patrick de lui faire exécuter tel ou tel mouvement, et confrontait ses observations avec celles de Loïc. Tous trois semblaient extrêmement concentrés. Ils n'avaient pas besoin d'elle.

Elle se rendit à l'accueil et s'assit en face de Carole qui mettait des factures sous enveloppe.

– Alors, ils sont déjà sur une piste ? demanda-t-elle.

Carole la dévisagea avec étonnement.

– Qu'est-ce qui ne va pas ? Tu as mal dormi ?

– Non, non, se défendit Manon. C'est juste que… en ce moment, je ne suis bonne à rien.

– Mmh ! fit la secrétaire. Tu crois vraiment ?

Manon se serait bien confiée à elle, mais, au même moment, la porte s'ouvrit et une femme aux cheveux d'un rouge flamboyant fit irruption dans le hall. Elle portait une robe en coton kaki et toutes sortes de grigris et d'amulettes autour du cou.

– Il est hors de question qu'il soit opéré demain ! annonça-t-elle d'entrée de jeu.

Manon la regarda avec curiosité. Qui était cette folle ? Et de quel cheval parlait-elle ?

– Pourquoi donc, madame Rossetti ?

– La Lune n'est pas favorable. Et la configuration astrale n'est pas bonne. Il faut repousser l'intervention à la semaine prochaine.

Carole hocha la tête. Manon vit qu'elle se retenait d'éclater de rire.

– Je ne sais pas si ça sera possible, objecta la secrétaire. L'abcès est très purulent, et ce, malgré les antibiotiques. Vous voulez en discuter avec Mme Verdier ?

– Pourquoi croyez-vous que je suis là ? répondit Mme Rossetti.

Carole se leva et alla chercher la vétérinaire. Manon demeura seule avec la cliente.

– Zodiaque est Verseau, expliqua celle-ci. C'est un signe d'air. Voilà pourquoi il est très ouvert à tout ce qui est nouveau.

Manon, qui avait un mal fou à garder son sérieux, hasarda poliment :

– Ce n'est pas le cas de tous les chevaux ?

– Pas du tout ! Certains ne supportent pas les changements, ils ne sont heureux que dans leur environnement familier.

La vétérinaire les rejoignit d'un pas vif.

– Bonjour, madame Rossetti ! fit-elle en lui tendant la main. Ma secrétaire me dit que vous voulez remettre l'opération à la semaine prochaine ?

– Oui, c'est trop risqué. Compte tenu de la position de la Lune, la probabilité qu'il y ait des complications est trop importante.

La vétérinaire la fixa avec gravité.

– Vous savez que nous avons déjà dû différer l'intervention parce que vous aviez nourri Zodiaque malgré mon interdiction ? Sa dent le fait beaucoup souffrir, il est urgent de la lui enlever.

Elle marqua une courte pause et assura :

– Je pense qu'il y a plus de contre-indications à laisser la situation s'envenimer qu'à l'opérer.

Mme Rossetti secoua la tête.

– Non, non, je suis certaine de ce que je vous dis. Écoutez, je vous ramènerai Zodiaque la semaine prochaine. Je repars avec lui. Je suis venue avec le van.

Julie Verdier ne se laissa pas fléchir.

– J'insiste, madame. Si on ne fait rien, que la Lune soit pleine, montante ou descendante, ça va dégénérer en septicémie*.

Sa cliente se raidit. Ses yeux outrageusement maquillés lançaient des éclairs.

– Très bien, assena-t-elle avec colère. Puisque c'est comme ça, j'irai voir ailleurs. Mais dans quelques jours, quand les astres seront favorables !

– Comme vous voudrez, répondit Julie Verdier avec un sourire glacial. Vous êtes la propriétaire, c'est à vous de décider. Mais je vous répète qu'en retardant l'opération vous mettez sa vie en danger. Je décline toute responsabilité.

Sa cliente ne voulut rien savoir. Manifestement, elle accordait plus de poids à son horoscope qu'à l'avis de la vétérinaire.

– Je sais ce que je fais, ne vous inquiétez pas ! répliqua-t-elle sur un ton dédaigneux. Quelqu'un peut-il m'aider à charger mon cheval ?

Manon se leva aussitôt.

– Je vais vous le chercher.

Quelques instants plus tard, elle sortit dans la cour avec Zodiaque. Mme Rossetti, qui l'attendait à côté du van, la dévisagea et demanda :

– Tu n'es pas un peu jeune pour travailler ici ?

– Je ne travaille pas vraiment, objecta Manon. Je donne seulement un coup de main certains soirs et le week-end.

– Alors, tu es Vierge ! déduisit Mme Rossetti avec un large sourire. Ça ne m'étonne pas. Tu…

Manon l'interrompit :

– Non, mon anniversaire tombe la semaine prochaine. En fait, je crois que je suis Balance.

Mme Rossetti poussa un petit cri ravi.

– Tact, charme et flexibilité ! Un sens inné de l'équilibre ! Pas étonnant que tu saches t'y prendre avec les chevaux… Tu te sens peut-être même mieux en leur compagnie qu'avec les humains, non ? Tu n'es pas très extravertie, n'est-ce pas ?

Manon sentit la moutarde lui monter au nez. Cette discussion était ridicule. Sans parler du fait que le petit hongre allait souffrir le martyre, simplement parce que cette hurluberlue avait la tête dans les étoiles. N'importe quoi !

La tête rentrée dans les épaules, elle monta dans le van en tournant le dos à Zodiaque, comme Loïc le lui avait appris. Le cheval la suivit docilement. Elle descendit par la porte avant, et alla refermer le hayon. Mme Rossetti ne leva pas le petit doigt pour l'aider. Au lieu de ça, elle se mit à pérorer :

– Je conçois qu'une scientifique comme Mme Verdier assimile l'astrologie à de la superstition. Mais je suis persuadée que l'intérêt des sciences occultes sera bientôt reconnu de tous. Il est prouvé que la Lune exerce une influence directe sur les marées, il faudrait être fou pour ne pas admettre qu'elle joue un rôle sur notre santé…

Excédée, Manon fit volte-face.

– Quand vous avez mal à la tête, vous prenez bien une aspirine ?

Le déluge verbal s'arrêta d'un seul coup.

– Oui, pourquoi ?

– Zodiaque, lui, a mal aux dents. On pourrait le soulager, mais vous préférez le voir souffrir. C'est monstrueux.

– Typique ! murmura Mme Rossetti d'un air condescendant. Ce côté militant, c'est du Balance tout craché… Mais, encore une fois, je sais ce que je fais. Je suis une pro, je rédige des horoscopes pour plusieurs magazines…

– Eh bien, je vous souhaite de ne jamais avoir de grave pépin de santé ! répliqua Manon avec colère. Imaginez que le toubib ait lu votre horoscope et qu'il refuse de vous prendre en charge !

Furieuse, elle tourna les talons et alla rejoindre Carole à l'accueil. Julie avait raison : il y avait des propriétaires bien plus atteints que leurs chevaux !

–6–

En arrivant à la clinique, le samedi suivant, Manon trouva Julie et son assistant dehors sous la pluie, en train d'observer Sudoku que Patrick faisait courir à différentes allures. Intriguée, elle s'approcha et regarda galoper le pur-sang pendant que les deux vétérinaires échangeaient leurs impressions.

Au bout d'un moment, Julie pria Patrick de conduire le cheval en salle de radiologie. Le soigneur emmena Sudoku et l'immobilisa entre les barres, où Julie lui prit le pouls et la tension. Puis Loïc lui injecta un anesthésique.

– Qu'est-ce que vous faites ? voulut savoir Manon.

– On se demande s'il n'aurait pas un ulcère ou une tumeur à l'estomac, répondit le jeune véto. Chez les sportifs de haut niveau, le stress des compétitions provoque parfois ce genre de pathologie.

– Pour être honnête, je ne vois pas en quoi ça pourrait expliquer sa phobie de l'eau, avoua Julie Verdier. Mais comme, jusqu'à présent, on est dans le noir complet, on procède par élimination. Là, on va lui faire une endoscopie digestive*, histoire de nous éclairer un peu sur l'état de son estomac. Au sens propre, d'ailleurs : tu vois ce flexible ? C'est un tube optique, il est muni d'une caméra miniature qui nous permet de visualiser l'intérieur de la cavité stomacale.

Elle introduisit le flexible dans la gueule du cheval et désigna un écran vidéo sur lequel on pouvait voir une sorte de gros boudin rose.

– Cette masse, c'est la langue, murmura la vétérinaire, concentrée sur son travail. Et ça, l'œsophage… et là, j'arrive à l'estomac.

L'image montrait une poche de couleur claire aux parois striées et pleine d'un liquide transparent.

– Le suc gastrique, ou liquide stomacal, précisa Julie Verdier. Je vérifie s'il n'y a pas de taches rouges qui seraient le signe d'une inflammation.

Elle fit pivoter la tête de l'appareil et étudia la paroi stomacale millimètre carré par millimètre carré. Puis elle hocha la tête et annonça :

– Impeccable ! Rien de ce côté-là.

Poussant un soupir, elle ajouta à l'intention de Manon :

– Tu viens de voir un bel exemple de tissus parfaitement sains. D'ailleurs, ça ne me surprend pas. Damien s'occupe très bien de ses chevaux. Il les met au pré par groupes de trois ou quatre, ce qui est rare chez les champions. D'habitude, leurs propriétaires ont trop peur qu'ils se blessent.

– Donc, fit-elle en se tournant vers son assistant, l'estomac est hors de cause. Mais je vais quand même conserver cette bande. Elle me servira le jour où je voudrai montrer à un client à quoi ressemble un estomac sain.

– Très bien, fit Loïc. Et maintenant ? Je veux dire, pour Sudoku, quelle est la suite du programme ? On l'a inspecté sous toutes les coutures, il n'a aucun souci de santé. Il n'est peut-être pas fait pour le concours complet, tout simplement ?

La vétérinaire se mordit les lèvres et réfléchit quelques instants avant de répondre :

– Ce serait n'importe quel autre cheval, je te donnerais sans doute raison. Mais Damien est sûr du contraire, or il a un instinct infaillible pour détecter les champions. S'il dit que le problème est d'ordre médical, je le crois.

Elle marqua une pause, et reprit :

– J'ai un copain ostéopathe qui passe demain voir Savannah. Je lui demanderai de jeter un coup d'œil à Sudoku.

Le pur-sang commençait à se réveiller. Elle lui prit encore une fois le pouls et la tension, et déclara :

– Tout va bien. Vous pouvez l'emmener, Patrick.

– Bien, chef, grommela le vieux soigneur en prenant le cheval par la bride.

Sudoku, encore sous l'effet de l'anesthésie, le suivit en titubant. Julie s'épongea le front. Elle semblait épuisée.

– Vous voulez un café ? lui proposa Manon.

– Non, pas la peine, fit la vétérinaire en bâillant.

Soudain, elle sembla se rappeler quelque chose.

– Au fait, comment va Cooper ?

Le visage de Manon s'illumina.

– Il est en pleine forme ! Je le promène une demi-heure tous les jours, mais j'ai l'impression qu'il s'ennuie.

– Il regimbe* ?

– Pas vraiment. En fait, quand il voit ses copains au pré, il tire sur sa longe et j'ai un mal fou à le retenir.

La vétérinaire hocha la tête.

– À quand remonte son opération ?

– Dix semaines, jour pour jour !

– Alors, tu peux recommencer à le monter. Vas-y doucement, bien sûr : au pas la première semaine, puis au trot, et au galop dans un mois. À ce moment-là, il sera définitivement remis, et d'attaque pour retourner au pré avec les autres.

Et elle conclut avec un petit rire :

– Vous allez pouvoir reprendre le saut, tous les deux ! Il est temps que quelqu'un fasse un peu concurrence à ta copine Pauline !

– Bah, ça, c'est sans importance, éluda Manon avec un petit geste de la main. Ce qui compte c'est que Cooper aille bien.

– Justement, confirma la vétérinaire. Pour ça, il a besoin d'exercice. Alors tu sais quoi ? Tu vas me faire le plaisir de filer au club et de le monter. Il ne s'agirait pas que tu perdes la main !

Manon ne se le fit pas dire deux fois. Elle remercia la vétérinaire avec effusion et courut enfourcher son vélo.

Le box de Sherazade était vide. Pauline devait être en promenade ou au manège.

« Tant mieux ! », songea Manon avec un certain soulagement.

À vrai dire, elle n'avait pas très envie de l'entendre fantasmer sur Loïc.

Elle pansa Cooper en prenant son temps. Après l'opération, sa belle robe blanche tachetée de brun était longtemps restée terne et hirsute. À présent, elle avait retrouvé son brillant, et c'était un bonheur de la brosser.

Lorsqu'elle fut satisfaite du résultat, Manon s'occupa de lui démêler la queue, puis elle alla chercher son harnachement en sifflotant. La dernière fois qu'elle avait sellé Cooper, c'était au début de l'été, pour la reprise de saut. Ça avait été un des plus beaux jours de sa vie. Le poney avait exécuté tous les exercices à la perfection, mieux que les grands chevaux de ses copines. Ce qui lui avait valu les compliments du moniteur. Comment Frank avait-il appelé Cooper, déjà ?

« Ah oui ! se rappela Manon en attrapant le filet à son crochet. Le gentil professeur... »

De retour dans le box, elle sella Cooper, qui se laissa faire sans protester. Quand elle lui présenta le mors, il ouvrit la bouche, comme s'il était tout heureux à la perspective d'être monté ! Puis Manon enfila sa veste d'équitation, coiffa sa bombe, et entraîna son poney dehors.

Il avait cessé de pleuvoir. Les feuilles aux jolies couleurs d'automne s'égouttaient avec un crépitement joyeux. Bientôt, les arbres seraient complètement dénudés. Manon soupira. En hiver, le club de l'Émeraude n'offrait pas beaucoup de possibilités. Quand le sol était gelé, les cavaliers en étaient réduits à se promener au pas. Ou à se rendre dans une autre écurie, comme Pauline.

Manon ne voulait pas penser à elle. Elle resserra la sangle d'un cran, monta en selle, et prit la direction de la forêt. Elle avait l'intention de faire un petit tour d'une demi-heure, pas plus. Pour une première fois, ça suffirait.

Dès les premiers pas, elle se rendit compte que Cooper était tendu. À la lisière des arbres, il fit un écart sur le côté, simplement parce qu'il avait vu une feuille mouillée briller au soleil.

– Hé, qu'est-ce qui te prend ? s'étonna Manon en lui flattant doucement l'encolure.

Elle ne s'expliquait pas sa nervosité. Quelques secondes plus tard, un oiseau s'envola d'un fourré, et il voulut à toute force faire demi-tour. Manon raccourcit les rênes.

– Non mais ça va pas ! s'énerva-t-elle.

Que se passait-il ? D'habitude, Cooper était le poney le plus docile qu'on puisse imaginer. Elle avait appris à monter avec lui et jamais il n'avait été aussi capricieux. Elle augmenta la pression de ses jambes et l'engagea sur un sentier conduisant à une petite clairière. Cooper céda à contrecœur. Mais, parvenu au milieu de la clairière, il tomba en arrêt devant une souche et ne bougea plus.

– Allez ! l'encouragea Manon en lui donnant quelques légers coups de genou. Ce n'est qu'une vieille souche pourrie, espèce de…

Avant qu'elle ait le temps de finir, Cooper fit un bond en avant et partit ventre à terre. De surprise, elle lâcha les rênes et eut toutes les peines du monde à se maintenir en selle. Quand elle réussit à retrouver son assiette*, Cooper galopait à un train d'enfer sur le chemin sablonneux.

– Cooper, non ! cria-t-elle, paniquée, en essayant de le reprendre en main. Tu vas te faire mal. Arrête !

Hélas, plus elle essayait de le freiner, plus il accélérait. Manon ne contrôlait plus rien. Elle éclata en sanglots, terrorisée à l'idée que sa cicatrice puisse lâcher, et se cramponna désespérément à sa crinière.

Bien lui en prit ! Car au croisement suivant, Cooper piqua à droite et poursuivit sa course folle sans ralentir une seule seconde. Le sable volait sous ses pieds. À travers ses larmes, Manon vit une clôture se rapprocher à une vitesse vertigineuse.

Tout son sang se figea dans ses veines. Il n'allait quand même pas…

De nouveau, elle tira sur les rênes. Cette fois, heureusement, Cooper ralentit l'allure. Il redescendit au trot et s'arrêta devant la clôture, l'écume aux lèvres et tout essoufflé. Et là, il se mit à hennir comme un fou. À l'autre bout du pré, un cheval lui répondit. C'était Sherazade. Elle le rejoignit avec empressement.

Toutes les craintes de Manon s'évanouirent d'un seul coup, laissant place à la colère. Une colère essentiellement dirigée contre elle-même. Sherazade était au pré, comment n'y avait-elle pas pensé ? Les genoux encore flageolants, elle sauta à bas de sa selle, s'agenouilla et palpa la cicatrice de Cooper avec anxiété. Par chance, le bourrelet était propre et sec. Tout allait bien, ouf !

Elle prit son portable et composa le numéro de la clinique, mais elle se ravisa. Ce n'était sans doute pas une bonne idée de raconter à Julie ce qui venait de se passer : quand la vétérinaire saurait qu'elle n'avait pas réussi à maîtriser son propre poney, elle ne la laisserait plus approcher les chevaux hospitalisés. Elle lui avait déjà interdit de s'occuper de Sudoku, et si ça continuait, elle ne lui donnerait plus que des factures à mettre sous enveloppe ou des médicaments à trier.

Manon remit son portable dans sa poche en se promettant de sonder Loïc sans en avoir l'air le lendemain si l'occasion s'en présentait.

Cependant, elle n'était pas tranquille. Elle reconduisit Cooper dans son box avec mille précautions, et ne rentra chez elle qu'après s'être assurée dix fois qu'il allait bien.

Ce soir-là, pour faire plaisir à sa mère, elle lui réclama un top assorti à sa jupe à paillettes, et reprit du gratin à deux reprises, si bien que le dîner se déroula sans anicroche. L'idée du top lui était venue pendant qu'elle pédalait. Elle ne le mettrait sans doute jamais, mais ce n'était pas grave, l'essentiel était que sa mère soit contente.

Après avoir pris sa douche, elle se regarda dans le miroir. Elle poussa un soupir.

« Toujours aussi petite ! songea-t-elle, déçue. Plate comme une limande, et couverte de taches de rousseur. Je ne suis vraiment pas gâtée… »

Elle aimait bien ses cheveux, c'était déjà ça. Elle passa la main dans ses boucles rousses, se pelotonna sous sa couette et éteignit la lumière.

–7–

– Loïc, je peux te poser une question ? demanda Manon au jeune vétérinaire dès qu'elle se trouva seule avec lui le lendemain.

– Bien sûr ! fit-il en riant. Qu'est-ce que tu veux savoir, cette fois ?

– Eh bien… Julie m'a dit que je pouvais recommencer à monter Cooper, expliqua Manon. Est-ce que ce serait grave si… s'il prenait le mors aux dents ?

Il la regarda droit dans les yeux.

– C'est ce qui s'est passé ?

Manon se sentit rougir. Elle ne savait pas mentir. Quand elle essayait de cacher quelque chose, cela se voyait toujours comme le nez au milieu de la figure.

– Je n'ai pas réussi à le retenir, avoua-t-elle du bout des lèvres. Il s'est emballé, et je n'ai rien pu faire. Après, j'ai failli appeler ici, mais j'ai eu peur que Julie me prenne définitivement pour une incapable. Ce matin, je suis passée le voir avant les cours, il allait bien.

– Si sa cicatrice avait lâché, tu t'en serais aperçue tout de suite, la rassura Loïc. Donc, *a priori*, il n'y a pas de problème. Cependant, par précaution, laisse-le se reposer quelques jours. Il est quand même encore un peu tôt pour le galop. Pourquoi ne pas avoir attendu Pauline pour aller te promener ? Cooper serait resté bien tranquillement à côté de Sherazade !

Manon vira à l'écarlate.

– Pauline est très occupée, esquiva-t-elle. Entre les cours et les reprises de saut… elle n'a plus le temps de se balader.

Loïc secoua la tête.

– Tu devrais quand même lui poser la question. Vous êtes très proches, ça m'étonnerait qu'elle ne trouve pas un moment.

– Mmh, fit Manon sans grande conviction.

L'arrivée de Julie et de l'ostéopathe venu ausculter Savannah la tira de son embarras.

– Que peut faire un ostéo dans un cas comme celui de Sudoku ? s'empressa-t-elle de changer de sujet.

– Vérifier s'il n'a pas d'éventuelles restrictions de mobilité, expliqua le jeune vétérinaire. Certaines lésions n'affectent pas les performances à court terme, mais génèrent des douleurs qui provoquent des déséquilibres, lesquels peuvent avoir de graves conséquences sur la santé du cheval. Le rôle de l'ostéopathe consiste alors à rendre à l'animal sa liberté de mouvement…

Manon observa le nouveau venu avec curiosité. Il devait être à peu près du même âge que ses parents, et portait une chemise à carreaux ouverte sur un gros pendentif en argent serti d'une pierre turquoise, ainsi qu'une bague de la même couleur à la main droite.

Habituée à voir son père en costume tous les jours, Manon ne put s'empêcher de sourire.

« Ce type-là ne doit même pas savoir faire un nœud de cravate ! songea-t-elle avec amusement. Par contre, il a le look idéal pour travailler dans une écurie. »

Quand il pénétra dans le box de Savannah, celle-ci eut un mouvement de recul. Les piqûres qu'on lui avait faites la semaine précédente l'avaient rendue méfiante. L'ostéopathe lui caressa les flancs, ôta sa bague et commença à la palper du bout des doigts. Très vite, la pouliche se détendit.

Après avoir parcouru les différentes parties de son corps et testé ses articulations l'une après l'autre, il désigna l'épaule et annonça d'une voix de baryton :

– Le problème est là.

Puis il se remit au travail et massa Savannah en silence. Parfois, il fermait les yeux, comme pour mieux écouter ce qu'elle pouvait avoir à lui dire. Et, elle, la tête de plus en plus basse, bâillait à s'en décrocher la mâchoire.

Au bout d'une demi-heure, il se redressa et dit :

– Elle a une contracture musculaire, ce qui explique pourquoi elle boite : s'appuyer sur son antérieur lui fait très mal.

– Et comment expliquez-vous cette contracture ? demanda la propriétaire, que Julie avait invitée à assister à la séance.

– C'est difficile à dire, répondit le cow-boy avec un haussement d'épaules. Ça peut tenir à beaucoup de choses : une selle mal positionnée, par exemple… ou une mauvaise répartition de la charge au montage. Il se peut aussi qu'elle ait une faiblesse au niveau des postérieurs, faiblesse qu'elle aurait compensée en forçant de manière excessive sur ses antérieurs.

Il prit l'antérieur droit dans sa main, le souleva et lui fit faire des rotations. Savannah agita furieusement les oreilles, mais il ne se laissa pas troubler et recommença à lui masser l'épaule. Puis il fit signe à la propriétaire d'approcher et lui montra des gestes simples à reproduire.

Quand il eut terminé, il flatta l'encolure de Savannah et déclara :

– Et maintenant, donnez-lui quarante-huit heures de repos. Si, ensuite, sa boiterie ne se manifeste plus, c'est que cette séance aura suffi. Dans le cas contraire, je la reverrai une autre fois.

La propriétaire le remercia et s'éloigna avec Savannah. Il suivit la jument des yeux jusqu'à ce qu'elle ait disparu, puis se tourna vers Julie Verdier :

– Tu as un autre cas à me montrer, ou c'est fini pour aujourd'hui ?

– J'ai un patient qui me donne du souci, répondit la vétérinaire. J'aimerais avoir ton avis…

D'un geste, Julie pria Patrick d'aller chercher Sudoku. Manon eut un pincement au cœur. Si seulement Pauline ne l'avait pas distraite en draguant Loïc, ça aurait été à elle d'amener le champion…

Cette pensée la remplit de honte. Elle tenta de se persuader que c'était sa faute, qu'elle aurait dû faire plus attention… mais, quand même, elle trouvait que le prix était cher à payer.

– Waouh ! s'extasia l'ostéopathe en voyant arriver Sudoku. Quel cheval splendide !

Il étudia le pur-sang avec attention, fit glisser sa paume sur son dos et se mit au travail. Manon retint son souffle. Elle était impatiente de connaître le verdict.

– Cet étalon est dans une forme olympique, annonça-t-il au bout d'un moment. Il n'a pas le moindre problème de locomotion.

Plissant le front, il ajouta :

– Pour quelle raison est-ce qu'on te l'a amené ?

Julie eut un petit geste évasif.

– Un bilan cardiaque de routine.

L'ostéopathe hocha la tête sans conviction. Visiblement, il n'était pas dupe. Il remit sa baguc et échangea une poignée de main avec les deux vétérinaires.

Manon attendit qu'il soit parti pour poser la question qui lui brûlait les lèvres :

– Pourquoi est-ce que vous ne lui avez pas dit la vérité ?

Julie leva les yeux au ciel.

– Pour protéger la réputation de Sudoku, voyons ! Ses refus de l'autre jour lui ont déjà causé beaucoup de tort. Si le bruit se répandait qu'il est hospitalisé depuis huit jours, ça ne ferait qu'aggraver les choses. Un cheval comme celui-ci vaut une fortune, mais il peut perdre de sa valeur du jour au lendemain.

Poussant un soupir, elle passa la main sur sa nuque et ajouta :

– En attendant, on n'avance pas ! On va regarder la vidéo de Deauville une nouvelle fois. Il y a peut-être un détail qui nous a échappé ?

Quelques instants plus tard, Patrick, Loïc, Julie et Manon étaient dans la salle de repos et visionnaient le film de l'épreuve. Ces images, Manon les connaissait par cœur : Sudoku entrant en piste par un soleil radieux, galopant à vive allure d'un obstacle à l'autre et les franchissant facilement jusqu'à son double refus devant le gué, puis Damien l'entraînant, l'air horriblement déçu, vers l'obstacle alternatif…

Manon s'aperçut alors que celui-ci nécessitait aussi d'entrer dans l'eau. Avec une différence : au lieu de sauter dans la rivière, le cheval devait la traverser.

– C'est bizarre, vous ne trouvez pas ? commença-t-elle d'une voix mal assurée. Là, il entre dans l'eau sans problème. Et si son refus était dû à autre chose ?

Julie secoua la tête.

– Non, non, c'est l'eau. Damien n'a aucun doute là-dessus.

Ils se repassèrent la scène plusieurs fois au ralenti sans pouvoir parvenir à une conclusion.

– Ça suffit pour aujourd'hui ! annonça Julie en éteignant la télévision. On perd notre temps.

Elle avait sa mine des mauvais jours. Elle salua les trois autres et sortit.

Manon avait encore un peu de temps devant elle. Elle en profita pour aller voir Cooper. D'après ce que lui avait dit Loïc, son incartade de la veille n'était pas grave, mais elle préférait s'en assurer.

Quand elle entra à l'écurie, Cooper avait la tête qui dépassait de son box. Il l'accueillit avec un hennissement joyeux et la regarda s'avancer d'un œil pétillant. Elle lui passa son filet, le conduisit à la stalle de pansage, et commença à l'étriller.

Tandis qu'elle le brossait, la voix de Pauline retentit dans son dos :

– Dis donc, pourquoi est-ce que tu ne donnes plus signe de vie ? Je t'ai laissé une douzaine de messages, et tu ne m'as pas rappelée ! Au collège, tu disparais dès la fin des cours. Tu me fuis, ou quoi ?

Manon ne pouvait pas se dérober.

– Je n'ai pas eu une minute à moi, se défendit-elle. Il faut absolument que j'améliore mes résultats si je veux passer en seconde. Et, à la clinique, ce n'est pas très cool non plus. Depuis mon inattention de l'autre jour, Mme Verdier ne me confie plus de cas difficiles. J'essaie de regagner sa confiance, mais c'est dur.

Soudain, elle eut une idée.

– Demain, c'est mon anniversaire. Tu ne voudrais pas venir à la maison ? On passerait la soirée ensemble…

Pauline se frappa le front.

– Zut, j'avoue que j'ai oublié. Demain, ce n'est pas possible. J'ai une reprise de saut avec Loïc. Ça ne t'ennuie pas de remettre ça à un autre jour ? S'il te plaît, dis oui !

Manon sentit une grosse boule dans sa gorge. Que Pauline ait oublié son anniversaire n'avait rien d'étonnant, elle était incapable de retenir une date. Mais qu'elle refuse de se libérer parce qu'elle avait rendez-vous avec Loïc, ça, c'était dur à avaler.

– OK, réussit-elle à articuler.

Pauline la fixa attentivement.

– Tu ne m'en veux pas ?

– Non, non, mentit Manon.

Pour rien au monde elle n'aurait voulu lui avouer qu'elle était jalouse. Se forçant à sourire, elle ajouta :

– Je ne voudrais pas te priver de ce plaisir…

Pauline lui sauta au cou.

– T'es un amour !

Se dégageant, elle consulta sa montre et s'écria :

– Zut, je suis en retard, il faut que je file. Tchao ! Amuse-toi bien !

Manon la suivit des yeux, sidérée. Comment Pauline pouvait-elle être si égoïste ? Est-ce qu'elle ne se rendait vraiment pas compte du mal qu'elle lui faisait ?

Le cœur gros, Manon finit de panser Cooper. Il ne restait plus qu'à le seller. Elle partit chercher son harnachement à la sellerie, mais, à mi-chemin, elle se ravisa. Elle n'avait pas le courage de le monter toute seule. Malheureusement, le club était désert, elle n'avait vu personne en arrivant, pas même la vieille Mme Thomas.

« Dans ces conditions, il vaut mieux que je le longe, réfléchit-elle en revenant sur ses pas. C'est plus raisonnable. »

En son for intérieur, elle savait bien que ce n'était qu'un prétexte. La vérité, c'était qu'elle avait peur de le monter.

Elle en aurait pleuré.

–8–

Manon s'étira paresseusement et se retourna pour regarder par la fenêtre. Il faisait beau, le soleil brillait, seuls quelques nuages vite chassés par le vent traversaient le ciel bleu pâle.

Elle rabattit la couette sur sa tête. C'était dimanche, elle n'avait aucune raison de se presser… Sauf que…

Soudain, elle bondit de son lit. C'était son anniversaire ! Elle avait quinze ans, enfin !

Il y avait du bruit dans la cuisine. Sa mère préparait le petit-déjeuner. Elle enfila son jean préféré et son vieux sweat-shirt à capuche bleu marine, attacha ses cheveux avec un élastique et descendit allègrement l'escalier.

Sa mère la serra sur son cœur.

– Bon anniversaire, ma chérie, lui dit-elle avec un grand sourire.

Manon l'embrassa avec effusion, puis elle se jeta au cou de son père.

– Bon anniversaire ! la félicita Philippe Fleming.

Le couvert du petit-déjeuner était mis. Tous trois prirent place à table, et Manon ouvrit le cadeau qui l'attendait à côté de son assiette. C'était une tunique bleu turquoise. Mais, pour une fois, sa mère avait bien choisi : la couleur était ravissante, et la coupe lui plaisait beaucoup.

Son père lui tendit ensuite un paquet grossièrement emballé et de forme indéfinissable. Manon le soupesa, intriguée, et déchira le papier d'une main fébrile.

– Oh, un nouveau bridon ! s'exclama-t-elle en découvrant un superbe ensemble de lanières en cuir de buffle.

Son père hocha la tête.

– Maintenant que Cooper est rétabli, tu vas pouvoir recommencer à monter, expliqua-t-il. Et comme ton filet était très usé, j'ai pensé que ça te serait utile. J'espère que c'est la bonne taille. J'ai dit à la vendeuse que c'était pour un grand poney, elle m'a assuré que ça irait.

– Génial ! fit Manon. Je vais l'essayer dès cet après-midi.

– Quoi ? se récria sa mère. Je croyais que tu avais invité Pauline à déjeuner et qu'on passerait la journée tous ensemble !

Manon ne voulut pas lui avouer que sa copine avait zappé son anniversaire et que, de toute façon, elle avait mieux à faire.

– Mme Verdier est débordée, prétendit-elle. Je lui ai promis de lui donner un coup de main.

– Comme tu voudras, répondit sa mère sur un ton pincé. Tu déjeunes avec nous, au moins ?

– Bien sûr ! acquiesça Manon.

Le reste de la matinée se déroula dans la bonne humeur. Manon demanda à son père de lui expliquer un problème de maths, puis elle rejoignit sa mère et bavarda de choses et d'autres avec elle. Inévitablement, la conversation dévia sur son travail à la clinique. Mais, pour une fois, Hélène Fleming paraissait réceptive. C'était l'anniversaire de sa fille, et elle faisait preuve de bonne volonté.

– Le cas de Sudoku est une énigme, expliqua Manon à ses parents au déjeuner. Mme Verdier l'a examiné sous toutes les coutures et elle n'a rien trouvé.

– Il n'a vraiment aucun problème physiologique ? s'étonna sa mère. Dans ce cas, c'est peut-être qu'il a peur de l'eau. Il a peut-être fait une mauvaise expérience qui l'a traumatisé ?

Manon la regarda avec stupeur : alors qu'elle ne connaissait rien aux chevaux, sa mère avait tapé en plein dans le mille.

– Oui, c'est la seule hypothèse valable, confirma-t-elle. Mais comment savoir ? C'est quand même curieux qu'il réagisse différemment selon qu'il s'agit d'un gué ou d'une rivière. De l'eau, c'est toujours de l'eau…

– Et que dit la vétérinaire ? s'enquit sa mère en se levant pour aller chercher le dessert.

Manon poussa un soupir.

– Elle est tout près de baisser les bras, j'en ai peur.

L'arrivée du gâteau au chocolat mit fin à la discussion. Manon souffla ses bougies et resta encore un bon moment avec ses parents. Puis elle les aida à débarrasser la table et se prépara à partir.

– Je rentrerai tôt, promit-elle à sa mère en sortant.

Elle se rendit d'abord au club. Devant le box de Cooper, elle trouva un sac en plastique accroché au loquet. À l'intérieur, il y avait un cadeau emballé dans du papier kraft peint à la main et entouré d'une grosse ficelle.

Ça, c'était du Pauline tout craché. Elle n'achetait jamais de papier cadeau. Le papier kraft peint à la main était sa signature.

Manon décacheta l'enveloppe agrafée au paquet et lut la carte de son amie :

Chère Manon,

Pardon de ne pas être disponible aujourd'hui pour fêter ton anniversaire avec toi, je me rattraperai la semaine prochaine, c'est promis. On en profitera pour se raconter tout ce qu'on n'a pas pu se dire ces derniers temps.

Je t'embrasse,

Pauline.

Manon plia la feuille et la remit dans l'enveloppe. Bien sûr, elle était contente que sa copine ait pensé à elle. Mais elle en avait quand même gros sur le cœur.

Elle défit la ficelle. Pauline avait fait encadrer une photo d'elle sautant un oxer bleu et blanc avec Cooper. Son poney, crinière au vent et les oreilles pointées, semblait voler au-dessus de l'obstacle.

Le cœur de Manon fit un bond dans sa poitrine. Elle se rappelait parfaitement le moment où avait été prise cette photo. Ce n'était pas difficile : elle n'avait sauté qu'une seule fois dans sa vie, la veille de la colique qui avait failli emporter Cooper. Depuis, les leçons avaient eu lieu sans elle, mais, ce jour-là, son poney avait surpassé même les grands chevaux de ses amies, et le moniteur l'avait vivement félicitée.

Elle poussa un soupir. À présent, elle n'osait plus monter à cheval tellement elle avait peur.

Soudain, elle se demanda qui pouvait avoir pris cette photo. Elle ne se souvenait pas avoir vu quelqu'un avec un appareil parmi les spectateurs. Elle se promit de poser la question à Pauline la prochaine fois qu'elle la verrait.

Elle glissa le cadre et la lettre dans son sac à dos, et mit à Cooper son niveau bridon. Il lui allait comme un gant, à croire qu'il avait été fait sur mesure. Manon caressa pensivement la grosse tête à étoile blanche. Elle hésitait à aller chercher sa selle.

Finalement, elle décida de le promener en main, et sortit en le tenant par la bride.

Elle s'engagea sur le chemin forestier avec Cooper dans son sillage, et laissa vagabonder ses pensées. Elle aurait bien aimé avoir quelqu'un avec qui parler de ses soucis : Pauline et son stupide béguin pour Loïc… Sudoku et sa phobie de l'eau… Cooper et son coup de folie… Hélas, elle était désespérément seule.

Lorsqu'elle revint au club de l'Émeraude, une demi-heure plus tard, son moral était au plus bas. Décidément, c'était une mauvaise journée. Elle ramena Cooper dans son box, le sécha et l'étrilla avec soin, puis elle essuya son nouveau bridon avec un chiffon humide, et alla le ranger à la sellerie. Avant de partir, elle s'assura une dernière fois que son poney ne manquait de rien, puis elle enfourcha son vélo et se mit en route pour la clinique.

Les locaux étaient déserts. Elle entra à l'écurie par la porte de derrière et s'avança dans l'allée centrale. Certains des chevaux sortirent la tête en l'entendant arriver, mais la plupart somnolaient dans leur box. Sudoku dormait, couché sur le flanc. Dans le box voisin, Manon reconnut Zodiaque. Sa propriétaire avait sans doute estimé que les astres étaient favorables à son opération.

Manon consulta la feuille de suivi punaisée sur le tableau d'affichage. Exact, l'intervention était prévue pour le lendemain. Et Patrick avait écrit en rouge : « NE RIEN LUI DONNER À MANGER !!! »

À part Zodiaque, il n'y avait pas de nouveau patient. C'était calme.

Avant de se mettre au travail, elle alla voir à l'accueil si Julie ne lui avait pas laissé d'instructions particulières. En poussant la porte, elle découvrit Benjamin avachi sur un fauteuil et les pieds sur la table basse, en train de lire un bouquin.

– Mais… qu'est-ce que tu fais là ? s'exclama-t-il en levant le nez de son ouvrage. Tu viens même le dimanche, maintenant ?

– Je… J'ai promis à Julie de venir faire un tour, balbutia Manon. Au cas où il y aurait une urgence…

– T'as pas autre chose à faire ? railla-t-il. Pas d'autre occupation, pas de copains, rien ? Tu sais, y a pas que les chevaux, dans la vie ! Les humains, c'est pas mal non plus !

Manon n'était pas en état d'affronter ses sarcasmes. Sentant les larmes lui monter aux yeux, elle reflua précipitamment vers la sortie.

– Pardon. Je te laisse… Je ne voulais pas te déranger.

– Tu ne me déranges pas ! protesta-t-il.

Posant son livre, il ajouta avec étonnement :

– Hé, ça va pas ? Pourquoi tu t'enfuis ?

– Qu'est-ce que ça peut te faire ? répliqua Manon, de dos. De toute façon, pour toi, les nanas qui s'intéressent aux chevaux sont des débiles !

– Si tu n'as que des histoires de poney à raconter, effectivement, je ne suis pas la bonne personne, répondit-il avec une douceur surprenante. Mais si tu as quelque chose sur le cœur et besoin de te confier à quelqu'un, je suis là.

La main sur la porte, Manon hésita. Benjamin était bien le dernier à qui elle avait envie de parler. D'un autre côté, elle n'était pas pressée de rentrer chez elle. Revenant sur ses pas, elle se laissa tomber dans un fauteuil et dit d'une voix étranglée :

– C'est mon anniversaire.

Le garçon ouvrit des yeux ronds.

– Et tu viens traîner ici ? En semaine, passe encore... Mais le dimanche, c'est tellement mort qu'on me laisse assurer la permanence téléphonique ! Quand est-ce que tu fais la fête ?

– Oublie, répliqua Manon d'une voix plus sèche qu'elle ne l'aurait voulu. J'ai invité Pauline, ma meilleure amie, mais elle a préféré passer l'après-midi avec Loïc.

Surprise par la violence de ses paroles, elle ajouta pour se rattraper :

– Note que je n'ai pas de problème avec ça. Surtout que ces derniers jours, je ne lui ai pas donné signe de vie. Simplement, je ne pensais pas qu'elle zapperait mon anniversaire et...

– Une minute, l'arrêta Benjamin. Pourquoi est-ce que tu ne lui as pas donné signe de vie ? D'habitude, vous les filles, vous vous appelez vingt fois par jour !

Manon haussa les épaules.

– Je vois Pauline au collège et on monte ensemble au club… Ou plutôt, on montait. La semaine dernière, elle a fait la connaissance de Loïc et, depuis, elle est folle de lui : « Loïc par ci, Loïc par là, Loïc m'a invitée à boire un pot, Loïc est si gentil avec son cheval… » Si tu savais ce que ça m'énerve ! Je veux dire… ce n'est pas la première fois qu'elle s'amourache d'un garçon, loin de là ; mais, là, elle est pénible.

– Je ne comprends pas, murmura-t-il, songeur. Si elle collectionne les aventures, en quoi est-ce différent des autres fois ?

Manon se mordit les lèvres. C'était une bonne question. Avant Loïc, il y avait eu Olivier, Maxime, Bastien et un certain nombre d'autres… Pauline l'avait toujours bassinée avec ses histoires de cœur, mais leur amitié n'en avait jamais souffert. Du moins jusqu'à présent.

Benjamin la fixa d'un air interrogateur. Il attendait une réponse.

– Je crois que j'ai idéalisé mon amitié avec Loïc, avoua Manon du bout des lèvres. Il a pris beaucoup de temps pour m'expliquer ce que je devais savoir, et m'a donné des tas de tuyaux. Et quand je lui ai dit que je voulais devenir véto, il m'a encouragée.

Se forçant à sourire, elle ajouta :

– J'ai pris mes rêves pour des réalités. C'est idiot.

Benjamin secoua la tête.

– Idiot, pas forcément. Moi aussi j'ai des rêves. La seule chose qui m'intéresse, c'est de devenir musicien. Et j'ai bien l'intention d'y arriver.

Se penchant en avant, il résuma :

– Donc, si je comprends bien, tu as le sentiment qu'elle marche sur tes plates-bandes ?

– D'une certaine façon, oui, admit Manon après un instant d'hésitation. J'ignorais qu'il avait un cheval. Et elle, en moins de cinq minutes, elle s'est débrouillée pour monter avec lui. C'est pas juste !

– Tu le lui as dit ?

Manon secoua la tête.

– Pour quoi faire ? Loïc n'est pas mon copain, elle n'aurait pas compris.

– Alors, au lieu de lui dire ce que tu ressens, tu te renfermes ? Silence radio, c'est ça ? Pas étonnant que tu te retrouves toute seule le jour de ton anniversaire ! Elle pouvait difficilement deviner que tu avais envie de la voir !

Manon accusa le coup. Elle n'avait pas envisagé les choses sous cet angle-là.

– T'as raison, articula-t-elle dans un souffle. J'ai été nulle.

Benjamin eut un petit geste de la main.

– Pas grave. La prochaine fois que tu la verras, tu mettras les choses au clair avec elle, c'est tout. Loïc n'est pas plus son copain que le tien, n'est-ce pas ? Vous n'allez pas vous disputer pour ça ?

– N… non, fit Manon.

Elle s'en voulut de ne pas avoir une réponse plus intelligente à lui fournir. Pauline, elle, avait toujours le dernier mot.

Faute de savoir quoi ajouter, elle se leva et annonça :

– Faut que je te laisse, sinon mes parents vont s'inquiéter.

Et elle ajouta avec un sourire timide :

– Merci !

– De rien ! répondit-il avec un petit rire. Et si t'as encore besoin de mes services, n'hésite pas. Tu sais où me trouver.

Elle acquiesça d'un signe de tête et poussa la porte.

– Au fait, la retint-il, tu as quelque chose de prévu vendredi en huit ?

– Je ne pense pas, fit-elle depuis le seuil. À part venir ici…

– Oublie un peu les chevaux, la coupa-t-il avec agacement. Julie et Loïc sont tout à fait capables de se débrouiller sans toi. Je ne t'ai rien offert pour ton anniversaire : une place de concert, ça te dirait ? Je joue avec mon groupe à la salle polyvalente. Ce n'est pas un truc extraordinaire, mais si ça te tente…

Manon se demanda si elle avait bien entendu. Quoi ? Il l'invitait à son prochain concert ?

– Tu… tu sais, t'es pas obligé, balbutia-t-elle. Tu m'as déjà bien aidée aujourd'hui.

– Hé, je ne t'invite pas parce que j'ai pitié de toi ! protesta-t-il. Si je te le propose, c'est que ça me ferait vraiment plaisir que tu viennes. Tu y réfléchis et tu me passes un coup de fil, OK ? Tiens, voilà mon numéro.

Il griffonna son numéro sur un Post-it, puis le lui tendit en disant :

– J'attends de tes nouvelles.

– D'ac, fit Manon en essayant de cacher son trouble. Merci !

Elle s'enfuit sans demander son reste. Mais en rentrant chez elle, elle se fit la réflexion que Ben avait été sympa. Finalement, il gagnait à être connu.

–9–

En arrivant chez elle, Manon se précipita dans sa chambre et tenta en vain d'appeler Pauline. Celle-ci avait éteint son portable, et sur le téléphone fixe, personne ne répondait. Déçue, Manon se promit de lui parler à la fin des cours le lendemain. Le lundi, leurs cours se terminaient à trois heures, elles iraient prendre une glace quelque part.

Mais en sortant de classe, elle trouva sur son portable un message de Julie Verdier disant qu'elle était débordée et qu'elle avait besoin d'aide. Elle remit donc son projet à plus tard et fonça à la clinique.

La vétérinaire était en train d'ausculter Zodiaque dans la salle d'examen.

– L'inflammation a encore empiré, annonça-t-elle. Maintenant, le risque chirurgical est bien plus important que si j'avais pu intervenir avant.

– Vous voulez repousser l'opération ? s'étonna Manon.

– Certainement pas. D'autant qu'on a la certitude qu'il est à jeun : sa propriétaire n'est pas encore passée le voir aujourd'hui.

Ôtant son stéthoscope, elle héla le vieux soigneur qui venait d'entrer avec une brouette.

– Patrick, vous pouvez l'emmener en salle de chirurgie, s'il vous plaît ? Je l'opère dans une demiheure.

Elle se rinça les mains au robinet, puis se tourna vers Manon.

– Tu te sens capable de me donner un coup de main ? Loïc sera trop occupé avec l'anesthésie.

Manon ouvrit des yeux ronds. Jusqu'à présent, Julie ne l'avait jamais laissée assister à une opération.

– Qu'est-ce que vous attendez de moi ?

– Oh, rien de très agréable, répondit la vétérinaire avec une grimace. Lors de ce genre d'intervention, le cheval saigne énormément. Il faut nettoyer le champ opératoire en permanence pour le conserver propre.

Manon avait l'estomac bien accroché... sauf quand le malade s'appelait Cooper. Le jour où elle avait vu son poney sur la table d'opération, elle avait failli se sentir mal. Par contre, lorsqu'il s'agissait des chevaux des autres, la vue du sang ne la dérangeait pas.

Tandis que Patrick s'éloignait avec Zodiaque, Loïc vint rejoindre Julie et Manon, et tous trois s'équipèrent : ils échangèrent leurs chaussures contre des bottes propres, et enfilèrent une blouse ainsi qu'un masque et des gants en latex.

– Chez les chevaux, les molaires ont des racines très profondes, expliqua Julie à Manon à travers son masque. Contrairement aux humains, on ne peut pas les extraire avec une pince. Il faut ouvrir la joue, ce qui provoque des saignements importants. Mais Zodiaque ne peut pas rester indéfiniment avec cette dent infectée.

Sur ces mots, elle fit signe à Manon de se tenir prête, puis prit un bistouri, pratiqua une incision au niveau de la mâchoire et se mit au travail. Manon comprit tout de suite ce qu'elle avait à faire et s'employa à tamponner la plaie en essayant de ne pas gêner la vétérinaire. Soudain, celle-ci poussa un juron :

– Merde ! D'où elle sort, celle-là ?

Jamais Manon ne l'avait vue aussi stressée. Que se passait-il ?

Quelques minutes plus tard, Julie posa la dent sur un petit plateau en métal, rapprocha les bords de la plaie et la sutura à petits points.

– Pourvu que ça tienne ! grommela-t-elle.

Levant les yeux de ses appareils, Loïc lui demanda :

– Quelque chose ne va pas ?

– J'ai touché une veine du voile du palais. Je ne m'attendais pas à la trouver là. Elle est à un endroit où je ne peux pas la cautériser. Pourvu qu'elle ne lâche pas !

Reculant d'un pas, elle ajouta :

– On verra bien. De toute façon, il n'y a rien de plus à faire pour l'instant. Emmenez-le dans le box de réveil.

Patrick actionna le palan, et le cheval suspendu par des sangles fut soulevé de la table d'opération et emporté dans le box voisin. Julie jeta un coup d'œil à l'horloge murale et se tourna vers Manon.

– J'ai encore des urgences à voir à l'extérieur avec Loïc. Tu peux rester avec Patrick ? J'attends que Zodiaque soit réveillé et on y va. En cas de problème, tu m'appelles sur mon portable, OK ?

Manon acquiesça. En général, les chevaux qui venaient d'être opérés ne posaient pas de difficulté. Ils étaient tranquilles jusqu'au lendemain.

Elle ôta ses gants, se débarrassa de sa blouse et de son masque, remit ses chaussures, puis alla boire un verre d'eau à la cuisine. Elle profita de cet instant de répit pour appeler chez elle, et prévint ses parents qu'elle rentrerait tard.

Avant de partir, Julie vint lui donner ses dernières instructions :

– Ça y est, Zodiaque est sur pied. *A priori*, la veine ne s'est pas rouverte, mais j'avoue que ça m'inquiète quand même un peu. Alors garde un œil sur lui, d'accord ?

Et comme pour se persuader elle-même de ce qu'elle disait, elle ajouta :

– Bah, ça devrait tenir. Y a pas de raison…

Là-dessus, elle sortit, suivie de son assistant. Manon rejoignit Patrick et l'aida à faire les box. Quand ils eurent terminé, le soigneur brida Sudoku et l'emmena au manège pour le longer. Manon les regarda travailler un instant, puis elle retourna auprès de Zodiaque. Jusque-là, pas de souci, il somnolait paisiblement dans son coin. Rassurée, elle alla aider Carole à dresser la liste des médicaments qui manquaient à la pharmacie.

Lorsqu'elle revint le voir, quelques minutes plus tard, Zodiaque était toujours debout à la même place, mais du sang dégoulinait de sa bouche. Une grande tache rouge s'était formée par terre.

Manon, affolée, appela immédiatement la vétérinaire. Celle-ci décrocha dès la deuxième sonnerie :

– Oui, Manon, que se passe-t-il ?

– Zodiaque perd pas mal de sang ! Ça ne me paraît pas normal.

Il y eut un silence. Puis la vétérinaire reprit :

– J'ai besoin de connaître le débit de l'hémorragie. Recueille ce qui coule dans un verre mesureur pendant quinze minutes, et rappelle-moi, OK ?

Se voulant rassurante, elle ajouta :

– Tu sais, c'est certainement moins grave qu'il n'y paraît. Un cheval peut perdre dix litres de sang sans que ça porte à conséquence. Donc, pas de panique ! Il n'y a pas lieu de s'inquiéter pour le moment.

Manon courut à la pharmacie.

– Zodiaque fait une hémorragie ! annonça-t-elle à la secrétaire. Vous avez un verre mesureur ?

Carole ouvrit un placard et lui tendit un pichet gradué.

– Ça ne doit pas être bien dramatique, commença-t-elle. Il…

Mais Manon était déjà repartie. Elle se posta devant le petit hongre et plaça le récipient sous ses lèvres.

Patrick, qui revenait avec Sudoku, s'arrêta devant le box. Hochant la tête, il demanda :

– Il saigne comme ça depuis longtemps ?

– Non, répondit Manon. J'ai téléphoné à Julie. Elle veut que je mesure le débit de l'hémorragie.

Patrick hocha la tête.

– Préviens-moi quand tu auras fini.

Manon avait rarement trouvé le temps aussi long. Quand, au bout d'un quart d'heure, elle vit la quantité de sang qu'elle avait collectée, elle blêmit. 250 ml !

– Il perd un litre par heure ! cria-t-elle à Patrick.

Le soigneur accourut. Il regarda Zodiaque d'un air soucieux et ordonna :

– Rappelle Julie tout de suite.

Manon avait déjà son portable à l'oreille.

– Continuez à le surveiller, et tenez-moi au courant de l'évolution, exigea la vétérinaire lorsqu'elle lui eut communiqué le résultat.

Manon transmit la consigne et aida Patrick à s'occuper des autres patients, très nombreux ce jour-là. Elle prépara du mash, conduisit un cheval au marcheur*, en longea un autre dans la cour, renouvela un pansement et fit un bandage, le tout en s'interrompant toutes les trois minutes pour vérifier l'état de Zodiaque.

Comme si ça ne suffisait pas, Carole vint lui dire que Mme Rossetti voulait voir son cheval.

– Zodiaque n'en serait pas là si cette imbécile ne nous avait pas compliqué la vie avec son histoire de Lune pas favorable, lui confia la sécrétaire en l'entraînant vers le hall. Mais pas de réflexions, d'accord ? Elle pond des horoscopes pour de nombreux journaux, et elle serait bien capable de faire passer dans la presse un article catastrophique sur la clinique. Alors, sois aimable avec elle.

Manon fit signe qu'elle avait compris. Elle salua la cliente avec toute la gentillesse possible et la conduisit devant le box de Zodiaque. Patrick, connaissant la propriétaire, jugea bon de la prévenir :

– Il perd un peu de sang. Après une extraction dentaire, c'est normal.

– Ah très bien ! fit-elle sans s'émouvoir. Mais, vous savez, je ne suis pas inquiète : les astres sont avec lui !

Manon et Patrick la laissèrent seule une demiminute, le temps de finir un soin. Quand ils revinrent, elle annonça avec un grand sourire :

– Je ne vous dérange pas plus longtemps, je vois que vous avez du travail…

Elle se dirigea vers la sortie. Parvenue devant la porte, elle se retourna et lança :

– Au fait, il avait l'air d'avoir mal, alors je me suis permis de lui donner un peu d'aspirine !

Manon crut que le vieux soigneur allait avoir une attaque. Toutefois, il se ressaisit et prit un air détaché pour demander :

– De l'aspirine ? Quelle dose, exactement ?

– Cinq ou six cachets, répondit-elle. Vu sa taille, j'ai pensé qu'il fallait bien ça. Je me trompe ?

Patrick se força à sourire, mais Manon vit qu'il serrait les poings.

– Ce n'est pas une question de taille, répondit-il. À l'avenir, évitez de lui donner quoi que ce soit sans en avoir parlé avant à Mme Verdier.

Visiblement, elle se moquait éperdument de ce qu'il disait : elle ne l'avait même pas écouté jusqu'au bout.

– De l'aspirine, grommela Patrick dans sa barbe. N'importe quoi…

– Quel est le problème ? voulut savoir Manon.

– C'est un anticoagulant, expliqua-t-il en l'entraînant vivement vers l'accueil. En d'autres termes, ça liquéfie le sang. Elle n'aurait pas pu faire pire !

Manon se serait giflée. C'était sa faute : sans sa stupide réflexion de la dernière fois sur les maux de tête, cette folle n'aurait peut-être jamais eu l'idée de donner de l'aspirine à ce pauvre Zodiaque.

Patrick prit son portable dans la poche de sa veste pendue au portemanteau, composa le numéro de Julie et lui rapporta l'incident.

– De l'aspirine, oui..., confirma-t-il. Cinq ou six, elle n'a pas su préciser... Très bien... j'y vais tout de suite.

Il raccrocha et dit à Manon :

– Tu viens ? On va chercher Hidalgo !

– Hidalgo ?

– Le vieux quarter horse* de Julie. Il est au pré pas très loin d'ici. Il passe ses journées à se gaver. En échange, il nous dépanne quand on a besoin de sang.

Manon enregistra toutes ces informations avec stupeur. Il s'en aperçut et ajouta :

– T'inquiète, c'est totalement indolore.

Manon l'aida à accrocher la remorque à son 4 × 4, et monta dans la voiture avec lui. Ils roulèrent quelques instants en silence, puis elle lâcha :

– Je ne savais pas que Julie avait un cheval à elle.

– Elle l'a beaucoup monté quand elle était ado et elle a continué jusqu'à la fin de ses études. Mais quand elle a ouvert la clinique, elle a arrêté l'équitation, faute de temps. Elle a mis Hidalgo à la retraite. Il faut reconnaître qu'on est bien contents de le trouver dans des cas comme celui-ci.

– Vous la connaissez depuis longtemps ?

– Qui ? Julie ? Non, je ne travaille ici que depuis un an.

Elle mourait d'envie de lui demander ce qu'il faisait, avant, mais comprit à son ton cassant qu'il valait mieux ne pas insister. Elle changea de sujet :

– Les chevaux n'ont pas de groupe sanguin ?

– Si. Mais, lors d'une première transfusion, ça ne pose pas de problème.

Quelques minutes plus tard, il gara la voiture en bordure d'un pré, dans lequel se trouvait un abri sommaire. Quelques vieux chevaux dressèrent les oreilles à leur arrivée. Manon n'eut aucun mal à deviner lequel était Hidalgo. C'était un alezan musculeux, petit et trapu, l'exemple type du quarter horse. Il salua ses visiteurs d'un hennissement joyeux et monta dans le van sans se faire prier.

Patrick grimaça un sourire.

– En voilà un qui sait ce qu'il veut.

Ils repartirent sans perdre une minute. Quand ils arrivèrent à la clinique, la camionnette bleue était déjà dans la cour. Manon se précipita à l'écurie.

– Vous avez Hidalgo ? lui lança la vétérinaire dès qu'elle la vit.

– Oui, acquiesça Manon. Où voulez-vous qu'on le mette ? Tous les box sont occupés.

– Conduis-le au pré, ça ne lui fera pas de mal de brouter encore un peu.

Levant les yeux, la vétérinaire consulta le tableau sur lequel étaient punaisées les fiches des chevaux hospitalisés avec le bref descriptif de leur pathologie, leur courbe de température et la liste des médicaments qu'ils prenaient.

– Dis à Carole d'appeler la propriétaire du fjord* pour qu'elle vienne le chercher, décida-t-elle. Je pensais le lui rendre demain, mais j'ai besoin de son box.

Elle prit le pouls et la tension de Zodiaque, et demanda d'un ton soucieux :

– Il est comme ça depuis longtemps ?

– Il n'a pas bougé de tout l'après-midi.

– On ne pourrait pas cautériser cette veine ? intervint Loïc.

– Si c'était possible, tu penses bien que je n'aurais pas attendu, répliqua Julie sèchement.

– On ne va quand même pas le regarder pisser le sang les bras croisés ! s'exclama le jeune véto.

– Il y a une chance pour que l'hémorragie s'arrête d'elle-même, répondit Julie sur un ton pas convaincu. Au pire, on fera appel à Hidalgo…

Patrick, qui les avait rejoints entre-temps, se racla la gorge et dit :

– Je ne sais pas si c'est une bonne idée, mais à l'hippodrome, quand un cheval était blessé et saignait beaucoup, on le mettait sous analgésique. Ça faisait baisser la pression artérielle et parfois, ça aidait…

Julie le dévisagea avec attention. Puis elle murmura :

– Pourquoi pas ? Ce n'est pas très orthodoxe, comme méthode, mais à condition dc ne pas se tromper dans la posologie, ça pourrait marcher.

Elle se tourna vers son assistant.

– Qu'est-ce que tu en penses ?

Loïc réfléchit, et suggéra :

– Une demi-ampoule ?

Et il enchaîna sans attendre la réponse :

– Je vais chercher une seringue…

– Pose-lui directement un cathéter, recommanda la vétérinaire. Comme ça, si on a besoin de le transfuser, ça sera fait.

Loïc suivit ses instructions. Il introduisit un cathéter dans la veine jugulaire, le fixa avec un ruban adhésif, et y inséra l'embout de la perfusion. Rassemblant ses instruments, il dit à Manon :

– Reste ici avec lui. S'il se passe quoi que ce soit, appelle-nous, OK ?

– D'ac, fit-elle.

Les deux vétérinaires avaient du travail pardessus la tête, à commencer par des prélèvements à analyser. Ils disparurent dans le labo.

Par la porte du box, Manon vit arriver la propriétaire du fjord. Celle-ci semblait ravie de pouvoir le récupérer si vite.

« Heureusement qu'elle ne sait pas pourquoi on le lui rend ! », songea Manon.

À peine le cheval parti, Patrick s'attaqua au nettoyage du box. Il changea intégralement la litière, et disposa du foin frais dans la mangeoire. Puis il alla chercher Hidalgo. Le quarter horse prit possession des lieux en habitué.

Manon ne pouvait rien faire de plus que caresser Zodiaque et l'encourager. Tout en le surveillant, elle se mit à rêvasser. Au fond, elle avait envie d'accepter l'invitation de Benjamin… Soudain, elle se rendit compte qu'elle ne savait même pas de quel instrument il jouait. Ni quel genre de musique il aimait. Du jazz ? Non, il avait plutôt un look de rocker. Elle s'en voulut de ne pas lui avoir posé la question et se promit de le faire à la première occasion.

D'un seul coup, Zodiaque fléchit les antérieurs, puis les postérieurs, et se coucha sur le flanc.

Paniquée, Manon se précipita au labo.

– Zodiaque s'est couché ! haleta-t-elle.

Loïc, qui observait quelque chose au microscope, bondit de sa chaise. Plus rapide que lui, Julie le précéda dans le box. Le petit hongre dormait, les yeux fermés. La vétérinaire lui prit la tension, puis elle déclara, rassurée :

– Tout va bien. Loïc, tu viens le voir toutes les dix minutes et tu lui prends le pouls et la tension, OK ? Toi, Manon, continue à le surveiller.

Manon s'assit à même le sol et attendit. Ce n'était pas très amusant. Loïc passait régulièrement ausculter Zodiaque, dont l'état était stationnaire. Soudain, elle s'aperçut qu'il ne saignait presque plus. Elle laissa encore s'écouler quelques minutes, histoire d'en être certaine ; puis, voyant que l'hémorragie avait bel et bien cessé, elle se leva avec précaution et courut au labo.

– Il ne saigne plus ! annonça-t-elle.

Le jeune véto la suivit dans le box et examina le petit hongre avec attention.

– Le conseil de Patrick était bon, commenta-t-il en se relevant. Tant mieux ! On a eu du pot.

Plissant les yeux, il ajouta gentiment :

– Rentre chez toi, maintenant. Tu as eu une rude journée. Je reste ici : c'est moi qui suis de garde.

– Ça va aller, c'est sûr ? Tu n'as plus besoin de moi ?

– Je te rappelle que je suis vétérinaire ! pouffa-t-il. Je pense pouvoir me débrouiller !

Manon se sentit rougir.

– Pardon, balbutia-t-elle. Ce n'est pas ce que j'ai voulu dire.

– En revanche, si tu pouvais te libérer demain soir de huit à dix, ça m'arrangerait.

À son tour, Manon se mit à rire.

– Ça va être difficile à négocier, mais j'y arriverai !

Elle le salua d'un signe de tête et s'en alla. Comme elle s'y attendait, sa mère l'accueillit plutôt fraîchement :

– Tu sais quelle heure il est ?

– Mais je t'avais prévenue ! protesta Manon.

Hélène Fleming poussa un soupir.

– C'est vrai. Simplement, depuis que tu travailles à la clinique, on ne te voit plus. Et ça m'inquiète que tu ne fasses rien d'autre. Il n'y a pas que les chevaux dans la vie. Tu pourrais... je ne sais pas moi, t'amuser un peu, sortir de temps en temps avec des amis...

Manon saisit la perche :

– Justement, vendredi de la semaine prochaine, je vais à un concert avec Ben.

Sa mère ouvrit des yeux ronds.

– Ben ? C'est qui celui-là ? Et depuis quand tu t'intéresses à la musique ?

Manon haussa les épaules.

– C'est le fils de Carole, la secrétaire. Il joue dans un groupe et il m'a proposé d'assister à son prochain concert.

– Il est sympa ?

Manon leva les yeux au ciel.

– Évidemment, il est sympa ! Sinon je n'irais pas à son concert !

Hélène Fleming ne se laissa pas décourager.

– Il a quel âge ? insista-t-elle, tout émoustillée. Quand est-ce que tu nous le présentes ?

– Maman ! s'énerva Manon. Je vais à un concert, d'accord ? Il n'y a pas de quoi en faire un plat !

Sa mère battit en retraite :

– Pardon, tu as raison, chaque chose en son temps. Tu as faim ? Je t'ai gardé de quoi dîner.

Manon la suivit à la cuisine, avala rapidement une tranche de rôti et un yaourt, puis monta dans sa chambre. Elle avait une leçon d'anglais à réviser.

Avant, elle envoya un SMS à Ben : « OK pour le concert. J'ai hâte. Manon. »

En vérifiant si son message était bien parti, elle s'aperçut qu'elle avait plusieurs appels en absence, tous de Pauline. Mais elle n'eut pas le courage de la rappeler.

–10–

Le lendemain, Manon rentra chez elle après les cours. Il pleuvait des cordes, ce n'était pas un temps à monter à cheval, et la météo ne prévoyait pas d'amélioration. Au contraire, on annonçait des orages pour la soirée.

Elle but un thé avec sa mère et fit ses devoirs. Ses exercices de maths lui prirent un temps fou. Quand elle regarda sa montre, il était sept heures passées.

– Déjà ? s'écria-t-elle.

Elle bondit de sa chaise, descendit l'escalier quatre à quatre, et fit un détour par la cuisine pour avaler quelque chose. Puis elle attrapa son ciré dans l'entrée et se prépara à partir.

– Tu ne vas pas sortir par ce temps ! se récria Hélène Fleming.

Manon jeta un coup d'œil par la fenêtre. Il pleuvait toujours à verse.

Sa mère poussa un soupir.

– Viens, je t'emmène. Tu m'appelleras quand tu voudras que je vienne te chercher.

Quelques minutes plus tard, elle la déposait devant la clinique. La tête dans les épaules, son ciré sur sa tête, Manon traversa la cour à toutes jambes. Elle faillit se heurter à Mme Rossetti.

– Bonjour, Manon ! s'exclama l'excentrique en lui tendant une main couverte de bagues. Je te dois des excuses : j'ai complètement oublié de te souhaiter ton anniversaire. Tu as eu quinze ans avant-hier, n'est-ce pas ?

– Oui, merci, répondit Manon en poussant la porte.

Elle s'effaça pour la laisser entrer la première et la suivit à l'écurie. Tout en marchant, Mme Rossetti fouilla dans son sac et en retira une feuille pliée en quatre qu'elle lui tendit d'un air triomphant.

– Tiens, un petit cadeau pour toi ! J'ai établi ton horoscope.

Interloquée, Manon balbutia un remerciement.

– Tu vas passer une année fantastique ! prédit la voyante. Ton copain te portera aux nues…

– Dommage que je n'aie pas de copain, coupa Manon sèchement.

– Oh, ça ne va pas tarder ! Tu sais, un coup de foudre, c'est vite arrivé !

– Je regarderai ça à tête reposée tout à l'heure, dit pour se dégager Manon. Mais d'abord, j'aimerais voir comment va Zodiaque.

– Le pauvre, murmura la propriétaire. J'espère qu'il n'a pas trop souffert.

Manon étudia la fiche de suivi. Le petit hongre n'avait plus de fièvre – la température était retombée dans la matinée –, et il avait droit à une alimentation normale. Autrement dit, il était tiré d'affaire. D'ailleurs, il n'y avait qu'à le regarder pour s'en convaincre : il avait certes perdu pas mal de poids, mais il semblait en assez bonne forme.

– Tout va bien, dit Manon avec un sourire. Encore quelques jours de repos, et vous pourrez le ramener chez vous. Vous voulez parler à Mme Verdier ou à son assistant ?

– Pas la peine ! déclina Mme Rossetti. Je te fais confiance.

Et elle ajouta avec un grand sourire :

– Tu vois que j'ai eu raison de repousser l'opération !

Manon faillit s'étrangler.

– Si vous voulez bien m'excuser, j'ai du travail, prétexta-t-elle, pressée d'en finir.

– Fais ce que tu as à faire, acquiesça Mme Rossetti comme si Manon avait besoin de sa permission. Et lis ton horoscope quand tu auras un moment. C'est très instructif, tu verras !

Tandis qu'elle s'éloignait, Manon sentit son téléphone vibrer. C'était Ben.

– C'est cool pour vendredi, dit-il sans préambule. Malheureusement, je ne pourrai pas venir te chercher. On a la salle à installer, il faut que j'y sois en début d'après-midi. J'ai prévenu la nana à la caisse de te laisser entrer. Ça ira ?

– Pas de problème, réussit à articuler Manon.

– C'est réglé, cette histoire avec ta copine ? enchaîna-t-il. Moins on laisse traîner ce genre de choses, mieux c'est.

– Pas encore, avoua Manon. Depuis qu'on s'est vus, je n'ai pas eu une minute à moi.

– Mmh ! fit-il d'une voix qui montrait qu'il n'était pas dupe. Je compte sur toi pour arranger ça d'ici le concert, d'accord ? Sur ce, faut que je te laisse. Tchao !

Abasourdie, Manon resta avec son téléphone dans la main. Lui, au moins, il ne s'embarrassait pas de longs discours ! Quand il avait quelque chose à dire, il allait droit au but…

Dans le hall, elle tomba sur Carole qui rangeait ses affaires.

– Julie a laissé des consignes pour moi ? se renseigna-t-elle.

– Non. Elle souhaite que tu gardes un œil sur Zodiaque, c'est tout. Il va bien, mais il est encore un peu faible. Tu as la permission de quelle heure ?

– Dix heures.

– Parfait. Ça n'a pas posé de problème ?

– Pas trop. Même si ma mère est désespérée. Elle trouve que je suis beaucoup trop sérieuse, et que je ne m'amuse pas assez. Je crois qu'elle préférerait me voir sortir en boîte tous les soirs plutôt que de me savoir ici.

– On devrait échanger ! soupira Carole. Ton sérieux contre le je-m'en-foutisme de mon fils !

– Pourquoi vous dites ça ? s'indigna Manon. Ben n'est pas je-m'en-foutiste !

Carole la regarda avec attention.

– Depuis quand tu prends la défense de mon fils ? C'est nouveau, ça !

Manon piqua un fard.

– Je… J'ai eu une longue discussion avec lui avant-hier. Et il m'a donné l'impression de prendre sa musique très au sérieux.

– Sa musique…, répéta la secrétaire avec dédain.

– Et alors ? Il rêve de devenir musicien. Ce n'est pas plus idiot qu'autre chose !

Carole ne répondit pas. Le visage fermé, elle éteignit son ordinateur et enfila son imperméable.

– À la prochaine ! fit-elle. Julie a promis de rentrer pas trop tard.

Manon resta seule à la clinique. Elle retourna à l'écurie et fit le tour des box. RAS. Les chevaux étaient tranquilles. Zodiaque mastiquait son foin avec application.

Elle plaça deux bottes de paille en face de son box et s'installa à son aise. C'était un bon moment pour appeler Pauline.

« Qu'est-ce que je vais lui dire ? hésita-t-elle. Désolée de ne pas t'avoir rappelée plus tôt, je t'en voulais à mort d'avoir zappé mon anniversaire ? Je ne supporte pas que tu t'entendes si bien avec Loïc ? »

Un coup de tonnerre interrompit ses réflexions. Redoublant d'intensité, la pluie se mit à tambouriner sur la toiture avec un bruit d'enfer. Dehors, le vent mugissait dans les arbres. De violentes rafales faisaient battre la porte de la réserve.

Manon fit une nouvelle ronde. Par chance, les chevaux paraissaient indifférents au vacarme. À l'exception de Sudoku qui s'agitait nerveusement dans son box. Manon l'observa avec attention. Peut-être manquait-il d'exercice ? Il y avait plus de huit jours qu'il était enfermé, il n'était pas habitué à l'inaction.

Au même instant, il y eut un éclair suivi d'une détonation fracassante, et toutes les lumières s'éteignirent d'un seul coup. Sudoku poussa un hennissement furieux.

Manon se leva et se mit en quête du compteur électrique. Cependant, le grondement incessant du tonnerre n'était pas normal. Soudain, Manon tressaillit. Le vacarme n'avait rien à voir avec l'orage. En fait, cela ressemblait davantage à… un martèlement de sabots !

Elle revint en courant sur ses pas. Sudoku était comme fou.

– Tout doux, mon grand ! dit-elle pour le rassurer. C'est un orage. Ça va bientôt passer…

Elle n'avait pas fini sa phrase qu'un nouvel éclair illumina brièvement l'écurie. Sudoku, couvert de sueur et les yeux hagards, se dressa sauvagement sur ses postérieurs.

Manon paniqua pour de bon. Que faire ? Elle se rappela ce que Julie lui avait dit un jour : « Un cheval qui a peur est imprévisible et totalement incontrôlable. Il ne faut surtout pas t'en approcher. »

Le pur-sang était déchaîné. Plus les éclairs se succédaient, plus il martelait les cloisons avec frénésie. Comme si ça ne suffisait pas, sa nervosité avait gagné les autres chevaux. Tous piaffaient furieusement dans leur box.

« Il se calmera peut-être si j'arrive à rétablir la lumière, réfléchit-elle en essayant de garder la tête froide. Bon sang, où est ce foutu disjoncteur ? »

Tandis qu'elle tâtonnait dans le noir, des craquements effroyables se firent entendre. Si ça continuait, Sudoku allait éventrer son box. Il fallait qu'elle se dépêche de trouver le compteur.

Dans un tiroir du labo, elle découvrit une lampe électrique. Elle l'alluma et poursuivit ses recherches. Au labo, rien. À la cuisine et dans la pharmacie, non plus. Enfin, derrière le bureau de Carole, elle aperçut une petite armoire. Elle l'ouvrit d'une main fébrile. C'était bien ça. Elle actionna l'interrupteur. La lumière revint aussitôt.

Elle retourna voir Sudoku en s'obligeant à marcher lentement pour ne pas l'affoler davantage. Il ne donnait plus de coups de sabot, mais roulait toujours des yeux effrayés. À chaque éclair, il dressait la tête, et tremblait de tous ses membres.

« Comment se fait-il qu'il ait si peur de l'orage ? s'interrogea Manon. À ce point-là, ce n'est pas normal ! »

Ouvrant le volet avec précaution, elle fit tomber un peu de foin dans son box, mais il n'y accorda pas un regard. Tendu comme un arc, les oreilles rabattues en arrière, il raclait le sol de ses sabots.

Peu à peu, les éclairs s'espacèrent et le tonnerre s'éloigna. L'orage était fini. La fureur de Sudoku retomba aussi soudainement qu'elle avait commencé. Manon attendit qu'il soit complètement calmé et le rejoignit dans son box. Il était trempé de sueur. Elle le couvrit d'une chemise séchante et lui caressa le front.

– Quelle mouche t'a piqué ? murmura-t-elle, songeuse. Dommage que tu ne parles pas. Ça nous aiderait, tu sais…

Tout en le surveillant du coin de l'œil, elle se mit à réfléchir.

« Et s'il y avait un lien entre sa phobie de l'eau et sa peur de l'orage ? »

Le jour du concours de Deauville, il faisait un temps radieux. Donc, la météo n'était pas en cause. Fermant les yeux, elle se repassa la scène. Elle l'avait visionnée si souvent qu'elle s'en rappelait chaque détail : Sudoku galopant d'un obstacle à l'autre et les franchissant sans effort, le tronc d'arbre, le gué réfléchissant la lumière du soleil, la volte-face de…

Manon se redressa en sursaut. Une idée venait de germer dans son esprit.

« Est-ce qu'il aurait confondu le scintillement de l'eau avec un éclair ? », se demanda-t-elle.

Ce n'était qu'une hypothèse, mais elle méritait d'être vérifiée. Sudoku était tranquille, il n'avait pas besoin d'elle. Elle se rendit dans la salle de repos, s'assit devant la télévision et lança la vidéo.

Les yeux rivés sur l'écran, elle regarda Sudoku déboucher de la forêt et se préparer à sauter dans l'eau. Jusque-là, personne n'avait jamais fait attention à la différence de luminosité entre l'ombre de la forêt et la vive lumière réfléchie par le gué.

Électrisée, Manon pressa la touche « retour arrière ». Oui, il était tout à fait possible que Sudoku ait été aveuglé, qu'il ait confondu le scintillement de l'eau avec un éclair. Même si cela n'expliquait pas son refus de sauter…

Elle allait regarder la vidéo une nouvelle fois quand un bruit de clef se fit entendre. Moins d'une minute plus tard, Julie passa la tête dans la pièce.

– Qu'est-ce que tu fais là ? s'étonna-t-elle.

– Je me repasse la vidéo de Deauville. J'ai peut-être une piste !

– Vraiment ? fit la vétérinaire en se laissant choir dans le canapé. Je suis curieuse de savoir laquelle !

Manon lui raconta ce qui s'était passé pendant l'orage.

– Sudoku était enragé. Il a affolé tous les autres. Mais, après, il s'est calmé comme par enchantement.

Pressant la touche « Play » de la télécommande, elle poursuivit :

– Vous voyez ? Là, il est à l'ombre. Et là, il se prépare à sauter dans l'eau. Vous avez remarqué comme elle brille ?

Retenant son souffle, elle laissa le film se dérouler encore quelques instants, puis s'exclama :

– J'en étais sûre ! Regardez ! L'obstacle alternatif est à l'ombre ! Et il le saute sans difficulté !

– Ça alors ! murmura pensivement la vétérinaire. Il aurait confondu le gué avec un éclair ? J'ai du mal à le croire… D'un autre côté, je peux toujours demander à Damien si Sudoku a un problème avec les orages…

Elle jeta un coup d'œil à sa montre, et ajouta :

– D'ailleurs, autant le faire tout de suite. Il ne se couche jamais avant onze heures.

Quelques instants plus tard, elle avait son ex-mari au téléphone.

– Dis-moi, Damien, il vient d'y avoir un orage, et Manon prétend que Sudoku est devenu hystérique. Ça t'évoque quelque chose ? Non ? C'est bizarre, la petite est formelle… Oui, il y a sans doute un lien avec sa phobie de l'eau… Mmh, si tu as une info, rappelle-moi, d'accord ?

Elle raccrocha et se tourna vers Manon.

– Damien ne comprend pas ce qui a pu se passer. Il interrogera sa soigneuse demain.

Ensemble, elles firent une rapide inspection à l'écurie. Les chevaux dormaient paisiblement, y compris Sudoku. Manon lui retira sa couverture. Il était parfaitement sec. Puis la vétérinaire éteignit la lumière et proposa à la jeune fille de la raccompagner.

Perdues dans leurs pensées, elles ne parlèrent pas de tout le trajet. Mais au moment de déposer Manon devant chez elle, Julie murmura :

– On en saura plus demain matin, quand Damien aura vu la soigneuse. Les lads en savent souvent davantage sur les chevaux que les cavaliers eux-mêmes !

–11–

Lorsque Manon poussa la porte de la clinique, le lendemain, Carole l'accueillit avec un grand sourire.

– Bravo, Manon ! En plein dans le mille !

Le cœur de Manon fit un bond dans sa poitrine.

– C'est vrai ? demanda-t-elle. C'est confirmé ?

Carole opina :

– Julie m'a parlé de ce qui s'est passé hier. Elle m'a dit qu'elle avait interrogé Damien Prigent, mais qu'il n'avait pas su lui répondre. Par contre, sa soigneuse a appelé tout à l'heure. Tu ne croiras jamais ce qu'elle lui a raconté !

– Quoi donc ?

– Damien Prigent a acheté Sudoku il y a six ans. À l'époque, Sudoku avait pour compagnon de pré un vieux hongre à la retraite. Damien n'a pas voulu les séparer, et il les a pris tous les deux. Ils faisaient tellement la paire qu'il fallait les emmener ensemble aux compétitions, sinon Sudoku refusait de monter dans le van.

– Quel rapport avec l'orage ? s'impatienta Manon.

– J'y arrive : au printemps dernier, ils étaient au pré, comme tous les après-midi, quand un violent orage a éclaté. C'est arrivé si vite que la soigneuse n'a pas eu le temps de les rentrer à l'écurie. Et quand elle a pu aller les chercher, le vieux hongre avait disparu. Quant à Sudoku, il était hystérique. Il a mis plusieurs jours à se calmer.

Carole fit une courte pause avant de reprendre :

– Ils n'ont retrouvé le hongre que le lendemain, mort, dans l'étang. Pourquoi là, mystère… Ce qui est sûr, c'est qu'il avait été foudroyé.

Manon ouvrit des yeux ronds.

– C'est horrible ! Mais alors… ce n'est pas étonnant que Sudoku ait refusé de sauter ! Physiquement, il n'a aucun problème, mais il associe les éclairs à l'orage qui a tué son copain !

– C'est aussi ce que pense Julie, acquiesça la secrétaire. Elle a un travail pour toi : elle veut qu'avec Loïc tu réfléchisses à la manière de le guérir de ce traumatisme. Elle aimerait que vous ayez quelque chose à lui proposer ce soir quand elle reviendra de sa tournée.

Le visage de Manon s'illumina.

– Loïc est là ?

Grimaçant un sourire, Carole désigna l'écurie.

– Il est aux prises avec la mère Rossetti. Je pense que tu peux…

– J'y vais !

De l'allée, Manon entendit Mme Rossetti demander de sa voix nasillarde :

– De quel signe êtes-vous, jeune homme ?

– Je ne sais pas, répondit Loïc. Mais j'ai dû naître l'année du cheval. Ça expliquerait pourquoi j'ai choisi ce métier, non ?

Manon se retint d'éclater de rire.

– Non, opposa Mme Rossetti. Ça ne marche pas, vous êtes trop jeune.

Parvenue devant le box, Manon se racla la gorge.

– Pardon de vous interrompre, commença-t-elle, mais j'ai un problème avec un cheval. Vous pouvez venir tout de suite, docteur ?

– Vous permettez ? s'excusa Loïc.

– Je vous en prie, la santé des chevaux avant tout ! s'inclina la voyante. Nous reprendrons cette intéressante conversation une autre fois.

Le jeune vétérinaire entraîna Manon à grands pas vers le labo.

– La prochaine fois qu'on nous amène un cheval qui s'appelle Capricorne, Sagittaire ou Scorpion, qu'il aille voir ailleurs ! s'exclama-t-il dès qu'il eut refermé la porte derrière lui. Ou alors, il faudra que son proprio soit interdit de visite ! Cette folle t'a fait ton horoscope, il paraît ?

Manon baissa la tête.

– C'est ma faute. J'ai été stupide : je lui ai dit que c'était mon anniversaire.

Loïc parut surpris.

– C'était ton anniversaire ? Quand ça ?

– Dimanche.

– Félicitations ! s'écria Loïc.

Avant qu'elle ait eu le temps de réagir, il la prit par les épaules et l'embrassa sur les deux joues. Elle se sentit rougir.

– En fait, je voulais te parler de Sudoku. Il…

– Je sais, Carole m'a raconté ! la coupa-t-il. Quelle perspicacité ! J'avoue que je suis impressionné.

– Tu sais, vu l'état dans lequel était Sudoku hier soir, ce n'était pas difficile à deviner, se défendit Manon avec modestie. Maintenant, la question est de savoir comment le guérir.

Loïc se rembrunit.

– C'est vrai. Mais je ne vois pas vraiment de solution. Les orages, ça ne se déclenche pas sur commande. On peut espérer qu'il s'y habituera à la longue, c'est tout. Mais ça risque de prendre un certain temps.

– Pas forcément, objecta Manon. D'après ce que j'ai observé, ce qui l'effraie, c'est l'éclair. Et ça, ça peut se simuler, non ?

– Tu as raison ! s'anima Loïc. On peut le soumettre à des flashs ! En commençant en douceur, bien entendu. On pourrait lui présenter une lampe de poche, par exemple. Dans la journée, on l'allumerait et l'éteindrait devant lui. Ensuite, on passerait à des lumières de plus en plus puissantes…

– Jusqu'à ce qu'il supporte un flash d'appareil photo la nuit ! enchaîna Manon. Et là, il ne restera plus qu'à renouveler l'expérience avec de l'eau.

Elle s'interrompit pour réfléchir.

– Là, ça devient compliqué… quoique…

Levant les yeux, elle suggéra :

– Si on le sortait de son box un soir où il pleut et qu'on simulait des éclairs avec un projecteur, ça ressemblerait beaucoup à un orage, n'est-ce pas ?

Loïc lui tapota l'épaule.

– Excellente idée ! Ça demandera beaucoup de doigté et une bonne dose de patience, mais, si on se débrouille bien, Sudoku renouera bientôt avec le paddock ! Si Julie est d'accord avec cette manière de procéder, tu ne vas pas manquer de travail !

– Tu oublies que je n'ai pas le droit de m'occuper de lui, murmura Manon d'un air sombre. Je ne suis pas assez pro.

– Tu t'es laissée surprendre une fois, OK, tenta de la réconforter Loïc. Mais ça ne veut rien dire. Maintenant, tu sais qu'il est un peu plus nerveux que ce brave Cooper, tu ne te feras plus avoir !

Manon poussa un soupir.

– Ne m'en parle pas ! Depuis qu'il s'est emballé l'autre jour, j'ai tellement peur que je me contente de le promener en main. Je me demande si je remonterai un jour.

Le jeune vétérinaire hocha la tête.

– C'est normal qu'il ait envie de se défouler après toutes ces semaines de repos forcé. Pourquoi tu ne demandes pas à Pauline de t'accompagner ? Avec Sherazade à ses côtés, Cooper se tiendrait tranquille.

– Il y a un moment que je n'ai plus de ses nouvelles, répondit Manon sur un ton acerbe. Elle est trop occupée à s'entraîner pour les prochains tournois.

– N'importe quoi ! protesta Loïc, à qui l'amertume de Manon semblait avoir échappé. La saison est finie. Les prochains concours en salle n'auront lieu qu'après Noël. D'ailleurs, Sherazade a besoin de prendre l'air, sinon elle va finir par détester le saut. Tu veux que je parle à Pauline ? On monte souvent ensemble.

Manon secoua la tête.

– Non, non, je vais l'appeler. Elle ne me refusera sûrement pas une petite balade en forêt.

Une fois encore, la mauvaise conscience la submergea. Depuis le temps qu'elle se promettait de contacter Pauline, elle ne s'était pas encore résolue à le faire. Elle ne l'avait même pas remerciée pour son cadeau d'anniversaire !

Un bruit de moteur mit fin à leur conversation.

– C'est Julie ! s'exclama Loïc en bondissant de son siège. Tu viens ? J'ai hâte de savoir ce qu'elle pense de notre idée !

Quelques instants plus tard, toute l'équipe était rassemblée dans la cuisine autour d'un café.

– Vous croyez vraiment pouvoir le rééduquer avec une lampe de poche et un appareil photo ? demanda la vétérinaire quand Loïc et Manon lui eurent exposé leur projet.

– Manon est formelle : Sudoku a peur des éclairs plus que du tonnerre, répondit Loïc. Il me semble que des flashs devraient suffire. Sinon on se procurera un projecteur plus puissant. L'important est de le soumettre à une lumière vive, et intermittente.

– Il y a un truc que je ne comprends pas, intervint Carole. Sudoku a été impeccable pendant toute la saison. Et d'un seul coup, le voilà sensible à la lumière ! Pourquoi cette phobie aurait-elle mis six mois à se manifester ?

– Bonne question ! approuva Julie. J'en ai parlé à sa soigneuse, et elle m'a fourni l'explication : jusqu'à présent, Sudoku a toujours concouru dans la catégorie des jeunes chevaux, donc tôt le matin, et en général par temps couvert. Deauville était sa première participation sur la scène internationale. Ce jour-là, il est entré en piste en milieu de journée, et il faisait un temps resplendissant.

Elle marqua une pause, et ajouta en se levant :

– De toute façon, c'est la seule hypothèse que nous ayons. Alors, si vous pensez qu'on peut le rééduquer comme ça, va pour une luminothérapie ! Je vais appeler Damien tout de suite pour le mettre au courant.

Avant de sortir, elle se tourna vers Manon.

– À toi de voir comment procéder, je te laisse carte blanche. Sudoku a l'habitude d'être soigné par une femme. Il sera peut-être moins méfiant si c'est toi qui t'en occupes.

Manon sentit une grosse boule dans sa gorge.

– Mais… la dernière fois…

La vétérinaire l'arrêta d'un geste.

– Sudoku s'est énervé parce qu'il n'était pas encore familiarisé avec son environnement. Maintenant, il connaît les lieux, il se sait en sécurité. Quant à toi, je pense que tu as compris la leçon et que tu feras plus attention à l'avenir. Venez, Patrick, on a du boulot.

Le vieux soigneur, qui n'avait pas dit un mot de toute la conversation, la suivit sans rien dire.

– Tu vois, dit Loïc à Manon. Te voilà promue psychologue équine ! Si jamais tu as besoin d'un conseil de l'homme qui murmure à l'oreille des chevaux, n'hésite pas, tu sais où me trouver.

Il décocha un clin d'œil à Manon et sortit, laissant seules Carole et Manon.

– Si mademoiselle la psychologue équine daigne me donner un coup de main…, ironisa Carole.

– Bien sûr ! répondit Manon, qui ne demandait qu'à lui faire plaisir.

C'était fantastique : non seulement elle avait le droit de s'occuper de Sudoku, mais elle était chargée de sa rééducation. Elle avait carte blanche.

Soudain, une pensée lui traversa l'esprit :

« Il faut que j'annonce ça à Pauline ! »

–12–

Assise sur la margelle dans la cour, Manon composa le numéro de Pauline. Celle-ci décrocha aussitôt.

– Allô ?

– C'est moi, Manon.

Il y eut un blanc au bout du fil. Manon eut une seconde d'hésitation, puis elle débita d'une seule traite :

– Je voulais te remercier pour la photo. C'est cool ! Surtout que je ne m'y attendais pas : je n'avais pas remarqué que quelqu'un avait un appareil photo ce jour-là. Vraiment, c'est super sympa, merci.

– Je commençais à me demander si tu l'avais trouvée, déclara Pauline d'une voix neutre.

Elle fit une courte pause avant de lâcher :

– Je peux savoir ce qui se passe ?

– Je n'ai pas une minute à moi, commença Manon. Entre le collège et mon travail à la clinique…

Elle se mordit les lèvres. Pourquoi tourner autour du pot ? Elle savait très bien que ça ne menait nulle part.

– En fait, j'ai été stupide, avoua-t-elle courageusement. Je n'ai pas supporté que tu sortes avec Loïc alors que tu le connaissais à peine.

– C'est pour *ça* que tu ne m'as pas rappelée ? s'écria Pauline. Ça fait des jours que j'essaie de te joindre !

Visiblement, elle tombait des nues.

– Je... je t'en voulais de ne pas avoir fêté mon anniversaire avec moi, balbutia Manon.

– Tu m'as prévenue la veille !

– Je pensais que tu étais libre. C'était débile, je sais.

Pauline garda le silence quelques instants, puis elle dit sur un ton radouci :

– Bon. Et qu'est-ce que tu deviens ?

Manon lui raconta l'épisode de l'orage et ce qui en était ressorti.

– Tu te rends compte ? conclut-elle. Jusqu'à cet été, j'ignorais qu'il existait des amitiés aussi fortes entre des chevaux.

– C'est vrai, acquiesça Pauline. C'est étonnant hein ? D'abord, Cooper et Sherazade ; et maintenant, Sudoku et son copain de pré. À propos, comment va Cooper ? Tu as recommencé à le monter ?

Manon soupira :

– J'ai fait une tentative la semaine dernière. Julie Verdier m'avait bien recommandé de ne pas le fatiguer, mais il a trouvé plus rigolo de piquer un sprint ! Impossible de le retenir, ça a été horrible.

– Comment tu l'as arrêté ?

– Je te le répète : je n'ai rien pu faire. Il s'est arrêté quand il a vu Sherazade sur le terrain.

– Ah, ce Cooper, quelle tête de mule ! pouffa Pauline.

Et elle ajouta, soudain sérieuse :

– Sa cicatrice aurait pu lâcher, non ?

– C'est bien ça le problème, répondit Manon. Il s'en est bien tiré pour cette fois, mais il ne faudrait pas qu'il recommence. Du coup, je me contente de le promener en main.

– Tu ne crois pas qu'il se tiendrait tranquille si je venais avec Sherazade ? proposa Pauline.

– Sans doute. Mais tu n'en as peut-être pas envie. Je veux dire… c'est certainement plus amusant de sauter avec Loïc que de marcher au pas avec moi…

– Hé, mais c'est quoi, ce sketch ? Au pas ou au trot, peu importe, l'important, c'est qu'on se voie ! Quant à Loïc… je te raconterai. Écoute, demain, c'est jeudi ; on n'a qu'à se retrouver au club en début d'après-midi. On aura tout le temps de bavarder pendant la balade, d'accord ?

– Génial ! se réjouit Manon.

Elle raccrocha avec soulagement. D'un seul coup, elle se sentait incroyablement légère. Elle n'avait même pas eu à demander à Pauline de l'accompagner ; celle-ci avait pris les devants.

« Comment est-ce que j'ai pu lui en vouloir ? », se reprocha Manon.

Elle se leva et alla voir son protégé à l'écurie. Devant le box, elle tomba sur Patrick.

– Sudoku n'est pas sorti de la journée, lui dit-il. Ce serait bien si tu pouvais le longer. Ça ira ? Si tu n'es pas sûre de toi, je te montre.

Manon le regarda avec des yeux ronds. Non seulement il ne semblait pas lui en vouloir d'avoir été déchargé de Sudoku à son profit, mais il était gentil avec elle.

Comme s'il avait lu dans ses pensées, il ajouta avec un sourire :

– Pas de souci, j'ai soigné assez de chevaux dans ma vie. Et je fais confiance à Julie : si elle estime que tu es mieux placée pour t'occuper de Sudoku, c'est qu'elle a raison. Sans parler du fait que j'ai beaucoup trop de travail pour me consacrer à un cheval en particulier.

Manon n'en revenait pas : Patrick lui avait *souri* ! C'était une première.

Il attrapa la longe, un licol, un surfaix* et une chambrière*, et déclara sur son ton bourru habituel :

– Bon, je te montre comment procéder. Et, les prochaines fois, si tu as une question, n'hésite pas à me la poser. Rappelle-toi que Sudoku est très réactif, tu n'as pas droit à l'erreur.

Manon le regarda sangler le surfaix, puis elle alla se placer avec lui au centre du rond de longe.

Patrick fit travailler Sudoku quelques instants, puis il se tourna vers Manon.

– À toi, maintenant, lui dit-il en lui tendant la longe.

Il sortit de la piste et s'accouda à la barrière.

Intimidée, Manon tira sur la longe. Sudoku, apparemment surpris, passa aussitôt au galop.

– Au trot, Sudoku ! tenta-t-elle de le retenir. Doucement !

– Plus lâche, la longe ! lui recommanda Patrick. Donne-lui du mou, comme si tu tenais des rênes.

Manon suivit son conseil. Sudoku ralentit l'allure aussitôt.

– Les chevaux aussi sensibles que Sudoku supportent mal qu'on tire en force, expliqua patiemment Patrick. Toute la difficulté, avec eux, consiste à trouver la juste mesure entre trop de pression et pas assez. D'un autre côté, ils apprennent très vite. Tu t'en apercevras quand tu commenceras sa rééducation.

Manon était trop concentrée sur son travail pour lui répondre. Elle n'avait d'yeux que pour Sudoku, qui trottait à un rythme régulier.

Au bout d'une demi-heure, Patrick se déclara satisfait :

– C'est bien ! Tu peux le ramener dans son box.

Elle conduisit l'étalon à l'écurie, et le sécha avec soin. Ensuite, voyant qu'il était calme et détendu, elle prit la lampe électrique qu'elle avait dans sa poche, la leva à hauteur de ses yeux, et l'alluma.

La réaction ne se fit pas attendre : Sudoku rejeta la tête en arrière et s'ébroua avec force. Manon éteignit la lampe et la rangea dans sa poche, puis elle massa les joues de Sudoku comme Loïc le lui avait appris, en insistant sur les muscles de la mâchoire. Sudoku se décontracta très vite. Quand il ne présenta plus aucun signe de nervosité, elle renouvela l'expérience plusieurs fois, jusqu'à ce qu'il ne réagisse plus à la lumière. Elle le félicita en lui flattant l'encolure, et sortit du box, le sourire aux lèvres.

Ce premier essai était un succès.

Elle avait hâte de rentrer chez elle et de tout raconter à ses parents !

Déjà, septembre tirait à sa fin. Il faisait doux pour la saison, les arbres aux belles couleurs d'automne bruissaient dans le vent. C'était une journée idéale pour se promener !

Manon cadenassa son vélo devant l'écurie et y entra d'un pas vif. Elle se réjouissait à l'idée de panser Cooper.

Elle avait presque terminé quand les pas de Pauline retentirent dans l'allée. Elles se dévisagèrent avec un quart de seconde d'hésitation, et tombèrent dans les bras l'une de l'autre.

– Ça me fait tellement plaisir de te voir ! rit Pauline. Tu m'as manqué, tu sais !

– Et moi donc ! répondit Manon avec un soulagement incroyable.

Elles sellèrent et bridèrent leurs montures, et sortirent dans la cour. Mais au moment de monter en selle, Manon se figea.

– Qu'est-ce qui t'arrive ? s'étonna Pauline.

– J'ai la trouille, avoua Manon, les genoux flageolants. Si jamais il recommence comme l'autre jour…

– T'inquiète ! la rassura Pauline. La dernière fois, il était pressé de retrouver Sherazade. Aujourd'hui, c'est différent : elle est avec lui. Tu peux être sûre qu'il ne va pas vouloir la quitter. Allez, viens !

Manon se laissa convaincre. Peu après, les deux filles quittaient le club de l'Émeraude, et s'engageaient sur le chemin forestier. Manon n'arrivait pas à se détendre : elle sursautait au moindre bruit, craignant que Cooper ne détale au galop. Mais celui-ci marchait bravement à côté de Sherazade, et ne semblait pas se soucier de ce qui se passait autour de lui. Il ne broncha même pas lorsqu'un tracteur les doubla, les obligeant à descendre dans le fossé.

Rassurée, Manon se tourna alors vers Pauline et lui posa la question qui lui brûlait les lèvres :

– Alors, tu en es où avec Loïc ?

– Nulle part, répondit sa copine en se mordant les lèvres.

– Comment ça ? fit Manon avec étonnement.

Pauline haussa les épaules.

– Eh bien… il est content d'avoir quelqu'un avec qui monter, mais ça s'arrête là.

Elle réfléchit quelques instants avant de reprendre :

– Tu avais raison : il a neuf ans de plus que moi. À ses yeux, je ne suis qu'une gamine…

Grimaçant un sourire, elle retourna la question à Manon :

– Et toi ? Si j'ai bien compris, tu es amoureuse de lui, hein ? T'aurais dû me le dire, je n'aurais pas marché sur tes plates-bandes.

Manon secoua la tête.

– Oh, tu sais, on travaille ensemble, c'est tout. Il m'explique des tas de trucs, mais ça ne va pas plus loin. Même s'il m'a proposé de m'entraîner avec vous quand Cooper serait autorisé à sauter.

Pauline applaudit avec enthousiasme.

– Super idée ! On pourrait demander à Frank de nous donner des leçons ! Ça t'avait bien plu, non ?

Le visage de Manon s'illumina.

– J'adorerais ! Dans quelques semaines, Cooper devrait être d'attaque.

Soudain, elle se rembrunit.

– Le problème, c'est que je n'ai pas votre niveau, objecta-t-elle. Tu t'es exercée tout l'été. Moi, je n'ai sauté qu'une seule fois.

– Bah, avec Cooper, tu nous auras vite rattrapés. Rappelle-toi ce que t'a dit Frank : c'est un excellent professeur.

Elles passèrent le reste de leur promenade à bavarder de choses et d'autres. Lorsqu'elles débouchèrent de la forêt, Manon se rendit compte qu'elle avait complètement lâché les rênes, comme elle l'avait toujours fait.

Esquissant un sourire, elle les reprit en main et arrêta son poney.

–13–

– Ah non ! Tu ne vas pas encore retourner à la clinique aujourd'hui ! pesta Hélène Fleming le lundi suivant en se campant devant la porte.

– Pourquoi ? répliqua Manon sur un ton de défi. J'ai fini mes devoirs !

Sa mère fronça les sourcils.

– Tu es sûre ? Je te rappelle que tu n'as pas beaucoup travaillé ce week-end.

– Certaine, affirma Manon. Je connais mes cours sur le bout du doigt. Mais là, il faut que j'y aille. J'ai promis à Julie que je passerais aujourd'hui.

– Comment faisait-elle avant que tu passes ta vie là-bas ? se récria sa mère. Tu n'es pas son esclave, à ce que je sache. Si ce cheval…

– Sudoku, coupa sèchement Manon.

– Si Sudoku a besoin qu'on s'occupe de lui, elle n'a qu'à demander à son soigneur. Ce type qui ne desserre pas les dents… Il est payé pour ça, non ?

Changeant de tactique, Manon se fit implorante :

– Maman, s'il te plaît ! Laisse-moi au moins aller au club. Cooper a de nouveau le droit de trotter. Je ne rentrerai pas tard, c'est promis.

Sa mère poussa un soupir.

– Sept heures, dernier délai. C'est ça ou rien !

Manon lui plaqua un baiser sur la joue et s'éclipsa avant qu'elle ait eu le temps de changer d'avis. Elle n'avait pas l'intention de se rendre au club : Sudoku avait déjà fait de gros progrès depuis qu'elle avait commencé sa rééducation, et elle avait hâte de passer à l'étape suivante. Il supportait désormais sans broncher les impulsions lumineuses de sa lampe de poche. Elle avait même fait un essai avec un flash d'appareil photo – de loin, en se plaçant à l'autre bout de l'écurie, et il n'avait pas réagi non plus.

Aujourd'hui, elle comptait renouveler l'expérience, mais de beaucoup plus près.

En arrivant à la clinique, elle respira profondément et se dirigea à pas lents vers l'écurie. Sudoku était très sensible aux mouvements brusques et aux manifestations d'impatience. S'il s'apercevait qu'elle était pressée, elle n'en tirerait rien.

Elle se figea sur le seuil. L'écurie était noire de monde ! Loïc recousait un alezan qui s'était ouvert la cuisse et dont le propriétaire semblait très énervé, Julie Verdier soignait les dents d'un pur-sang et, comme tous les box étaient occupés, Patrick tenait une pouliche par la bride en attendant qu'un des vétérinaires soit disponible.

– Oh non ! gémit Manon.

Dans ces conditions, elle n'avait aucune chance de pouvoir travailler sereinement avec Sudoku. Déprimée, elle se rendit à l'accueil.

– Ça ne va pas ? lui demanda Carole.

– Il y a un monde fou ! fit Manon.

– Depuis tout à l'heure, ça n'arrête pas ! confirma la secrétaire. Tu as un peu de temps pour nous donner un coup de main ?

Manon secoua la tête.

– J'ai promis à ma mère de rentrer tôt. Elle n'aime pas me savoir ici en semaine et, si je tire trop sur la corde, elle finira par m'interdire de venir même le week-end.

Elle marqua une pause avant de lâcher :

– Pour être tout à fait honnête, elle ne sait pas que je suis ici. Officiellement, je suis au club. Alors, vous ne m'avez pas vue, d'accord ? Je voulais m'occuper de Sudoku, mais ce n'est pas possible. Autant que je file.

Après le dîner, Manon monta dans sa chambre et appela Pauline. Elle avait besoin de se confier à quelqu'un.

– J'en ai marre ! se plaignit-elle. Ma mère trouve que je passe trop de temps à la clinique. Pourtant, je me suis engagée à m'occuper de Sudoku ; et pour ça, il faut que j'y aille tous les jours.

– Je ne comprends pas ! s'étonna Pauline. Ces derniers temps, elle t'a plutôt fichu la paix sur ce sujet, non ? Je croyais que tu étais libre de tes mouvements à condition que tes résultats scolaires n'en souffrent pas.

– Mmh, hésita Manon. Mon père, ça va, il est d'accord. Mais ma mère a toujours été contre. Elle estime que je suis trop jeune pour travailler. Aujourd'hui, j'ai dû lui dire que j'allais au club pour qu'elle me laisse partir. Mais comme je ne peux pas être à deux endroits à la fois, je ne me suis pas occupée de Cooper. Ça ne peut pas continuer comme ça.

– Et si moi, je te remplaçais auprès de Cooper ? proposa Pauline. Je pourrais le panser et le faire trotter jusqu'à ce que tu aies fini de rééduquer Sudoku. Ça ne devrait plus durer très longtemps, si ?

– Je crois que je suis tout près du but, acquiesça Manon. Mais bon, on ne sait jamais.

– Tu vois ! Donc, c'est entendu : tu soignes ton champion, et moi, je me charge de Cooper.

– Sérieux ? Tu ferais ça pour moi ?

– Évidemment ! pouffa Pauline. À une condition : ce week-end, on se balade ensemble, OK ?

Manon éclata de rire. Que c'était bon de la retrouver !

Elle raccrocha, contente d'avoir une solution à son problème, mais triste de devoir mentir à sa mère.

Le lendemain, elle partit en direction du club mais tourna vers Livaret au premier croisement.

Contrairement à la veille, il n'y avait personne à la clinique.

« Tant mieux, se réjouit-elle. On va pouvoir travailler tranquillement. »

Elle longea Sudoku un bon moment, puis le sécha et lui massa la mâchoire. L'étalon ne tarda pas à se décontracter complètement : la tête pendante, les paupières tombantes, il donnait l'impression de dormir.

Sans faire de bruit, Manon sortit du box, prit l'appareil photo sur la petite table où elle l'avait posé en arrivant et déclencha le flash. À la seconde même, Sudoku se dressa sur ses antérieurs en roulant des yeux effrayés.

Manon attendit qu'il soit un peu calmé, puis elle le rejoignit dans le box et recommença à le masser. Puis elle renouvela l'opération.

À la troisième expérience, le pur-sang rejeta la tête en arrière, mais il ne se cabra pas. Et, la fois d'après, il se contenta de fixer l'appareil avec méfiance. Manon se rapprocha encore.

Elle eut beau le mitrailler, il ne broncha plus. Parfois, il s'ébrouait, comme pour manifester sa désapprobation, mais c'était tout.

Il méritait une récompense. Elle lui donna une carotte et alla ranger l'appareil photo. À l'accueil, elle tomba sur Mme Rossetti, qui lui annonça, tout sourire :

– Je viens chercher Zodiaque ! Madame Verdier m'a dit qu'il était guéri.

– Ah ! Et la configuration astrale est favorable à son transport ? railla Manon.

Du coin de l'œil, elle vit que Carole se retenait de rire. La voyante demeura imperturbable.

– Exactement ! C'est le jour idéal pour prendre un nouveau départ.

Elle lui tendit sa main couverte de bagues et ajouta avec effusion :

– Merci pour tout. J'ai glissé une enveloppe dans le cochon rose. Je suis tellement contente de la manière dont les choses se sont déroulées !

Sur ces mots, elle lui adressa un petit signe de la main et se dirigea vers l'écurie.

Manon fit un pas vers la porte.

– Bon, je vais l'aider..., dit-elle avec résignation.

– Pas la peine ! la retint Carole. Je viens de voir passer Loïc avec Zodiaque. Elle va pouvoir lui lire les lignes de la main, je suis sûre qu'il va adorer !

Elles éclatèrent de rire. Manon attendit que la voie soit libre, puis, dès que le van de Mme Rossetti eut franchi le portail, elle enfourcha sa bicyclette et rentra chez elle à toute vitesse.

Un kilomètre plus loin, elle fut doublée par une Volkswagen rouge et poussa un juron en reconnaissant le chauffeur. C'était sa mère !

Manon pria le ciel pour qu'elle ne l'ait pas reconnue. Mais ses espoirs furent de courte durée. Elle n'avait pas encore retiré ses chaussures qu'Hélène Fleming fit irruption dans l'entrée.

Les bras croisés sur la poitrine, elle fixa sa fille sans un mot. Son air furieux n'augurait rien de bon.

– Alors, Manon ? lâcha-t-elle enfin. Tu n'as rien à me dire ?

Manon se redressa. Cela ne servait à rien de mentir.

– Pardon, j'ai eu tort. Je sais que tu n'aimes pas que j'aille à la clinique les soirs de semaine, mais je voulais absolument finir ce que j'ai commencé avec Sudoku. Je n'aurai pas la chance de m'occuper d'un cheval comme celui-là une deuxième fois dans ma vie. Tu ne te rends pas compte, maman, c'est fantastique de voir à quelle vitesse il progresse ! Il est déjà presque guéri. S'il continue comme ça, son propriétaire pourra bientôt venir le récupérer. Je ne peux pas m'arrêter en si bon chemin !

Sa mère fronça les sourcils.

– Et Cooper ? Je croyais que ce poney était toute ta vie ! Et d'un seul coup, voilà que Sudoku est plus important.

Manon secoua la tête.

– Il n'est pas plus important. C'est juste que...

Elle n'acheva pas. À quoi bon ? Sa mère ne pouvait pas comprendre.

– De toute façon, ce n'est pas une raison pour me mentir ! assena Hélène Fleming sur un ton qui trahissait sa déception.

– Tu ne m'as pas laissé le choix ! plaida Manon. Tu n'as pas l'air de réaliser les efforts que j'ai dû faire pour qu'on me prenne au sérieux. Tout l'été, je me suis démenée pour gagner la confiance de Mme Verdier ! Et maintenant qu'elle me confie un travail inespéré, il faudrait que j'y renonce parce que ma mère a peur que sa fifille se fatigue !

– De mieux en mieux ! fulmina sa mère. Alors, c'est ma faute, en plus ?

Changeant de ton, elle déclara d'une voix sourde :

– Tu ne peux pas en faire qu'à ta tête, Manon ! Désormais, tu n'iras plus ni à la clinique ni au club en dehors des week-ends. Et ce n'est pas la peine d'implorer ton père : cette fois, je ne me laisserai pas fléchir.

– Tu ne peux pas me faire ça ! s'écria Manon, horrifiée.

– Oh si, je peux, riposta sa mère.

Désespérée, Manon monta dans sa chambre et se jeta sur son lit en sanglotant. Elle était consignée chez elle ! Elle ne pouvait même plus aller au club !

Elle enfouit sa tête dans son oreiller et pleura toutes les larmes de son corps.

Quand elle se fut un peu calmée, elle se força à réfléchir. L'attitude de sa mère n'était pas normale. Pourquoi était-elle systématiquement hostile à tout ce qui touchait aux chevaux ? Il y avait pourtant des passe-temps pires que l'équitation !

Manon soupira et décida d'appeler Pauline.

Son père rentra tard du bureau. Il n'était pas là depuis cinq minutes que des cris parvinrent aux oreilles de Manon.

– Elle a trahi ma confiance !

Inquiète de ce qui allait suivre, Manon tendit l'oreille, et entendit son père répondre sur un ton posé :

– D'accord. Mais regarde donc le côté positif : elle a le sens des responsabilités, et elle va au bout de ce qu'elle a commencé. Ce n'est déjà pas si mal, non ? Pense à tous les enfants de nos copains qui ne font rien de leurs journées, ou qui se droguent. Notre fille a la passion des chevaux, quel est le problème ?

– Tu sais très bien quel est le problème ! répliqua Hélène Fleming. Pourquoi faut-il précisément qu'elle aime les chevaux ?

Sa voix se brisa, et le reste de la conversation échappa à Manon.

Cinq minutes plus tard, son père vint la trouver dans sa chambre.

– J'ai bien compris que tu tenais à t'occuper de ce champion, dit-il en s'asseyant sur son lit. Mais ce n'est pas une raison pour mentir à ta mère. Elle est profondément blessée que tu lui aies caché la vérité. Quant à passer tout ton temps libre à la clinique…

– Quoi ? s'emporta Manon. C'est quoi, le problème ? Qu'est-ce qu'elle a contre les chevaux ?

De nouveau, elle sentit les larmes lui monter aux yeux.

– Je t'expliquerai ça une autre fois, promit son père après un instant d'hésitation. En attendant, tu vas devoir assumer les conséquences de tes actes. Je ne reviendrai pas sur la décision de ta mère. Tu iras à la clinique ce week-end. Pas avant.

– Papa, s'il te plaît ! supplia Manon. Sudoku est presque guéri !

– Il fallait y réfléchir avant, Manon, répondit-il d'un ton sec.

Sur ces mots, il se leva et sortit sans se retourner.

–14–

Le front contre la vitre, Manon regardait par la fenêtre. C'était vendredi, et elle n'avait pas encore demandé à sa mère si elle pouvait aller au concert de Ben.

« Pourvu qu'elle me laisse sortir ! songea Manon avec angoisse. Ça serait quand même gênant de devoir avouer à Benjamin que je suis punie. »

Son portable vibra. C'était Pauline, qui l'appelait pour lui donner des nouvelles de Cooper. Mais Manon n'avait pas le cœur à bavarder. Pas plus qu'elle n'osait téléphoner à la clinique. Elle avait trouvé déjà bien assez pénible de dire à Julie qu'elle ne reviendrait plus avant la fin de la semaine. La vétérinaire s'était montrée compréhensive, certes, mais Manon ne pouvait s'empêcher de penser qu'elle l'avait déçue.

Elle en était là de ses réflexions quand une camionnette bleue se gara en bas de chez elle. Le cœur de Manon fit un bond dans sa poitrine. Cette camionnette, c'était celle de Julie Verdier !

La vétérinaire descendit de voiture, ainsi qu'un grand blond que Manon reconnut aussitôt. Damien Prigent ! Que venaient-ils faire ici, tous les deux ? Y avait-il un problème avec Sudoku ?

Elle se rua dans l'escalier.

– Qu'est-ce qui lui est arrivé ? demanda-t-elle, haletante, en ouvrant à ses visiteurs.

Julie Verdier et son ex-mari échangèrent un regard stupéfait.

– À qui ?

– Sudoku !

– Ce qu'on pouvait lui souhaiter de mieux, répondit Damien Prigent avec un sourire. Quelqu'un a trouvé ce qu'il avait. Et, grâce à ce quelqu'un, il est dans une forme éblouissante !

Regardant par-dessus l'épaule de Manon, il ajouta :

– Ta mère est là ? Je voudrais lui parler.

Manon s'écarta.

– Entrez. Je vais la chercher.

Hélène Fleming, qui les avait entendus, sortit du salon, visiblement surprise. Puis, reconnaissant la vétérinaire, elle lui tendit la main.

– Bonjour, madame Verdier. Vous vouliez me voir ?

– Pas moi. Je ne fais qu'accompagner ce monsieur.

– Permettez-moi de me présenter : Damien Prigent. Je suis le propriétaire de Sudoku.

Hélène Fleming parut hésiter :

– Enchantée. Qu'est-ce qui me vaut le plaisir de votre visite ?

– Je tenais à féliciter votre fille. Elle a été la première à comprendre de quoi souffrait mon cheval. Je suis allé le voir à la clinique aujourd'hui. Il a fait de tels progrès que je repars avec lui. Votre fille s'en est remarquablement occupée. Sans elle, j'aurais sans doute dû renoncer aux championnats du monde. Alors que là, j'ai encore une chance de me qualifier.

Posant la main sur l'épaule de Manon, il poursuivit :

– Votre fille a un don, madame. Vous n'imaginez pas combien je lui suis reconnaissant.

Il consulta la vétérinaire du regard, et prit une profonde inspiration avant de lâcher :

– Si j'ai bien compris, vous n'approuvez pas le fait que Manon travaille à la clinique. Pourtant, elle a un réel talent. Ce serait dommage de ne pas l'encourager dans cette voie.

Hélène Fleming, qui l'avait écouté sourcils froncés, rejeta la tête en arrière.

– Vous avez des enfants, monsieur ? J'imagine que non. Sans quoi vous sauriez que la relation entre les parents et les enfants repose sur la confiance. Mon mari et moi laissons déjà beaucoup de liberté à Manon. Mais elle a agi dans notre dos, et ça, nous ne pouvons pas l'accepter.

– J'entends bien, se défendit Damien Prigent. Je ne cherche pas à me mêler de l'éducation de votre fille. Simplement, Manon a des aptitudes exceptionnelles.

– Je crois connaître ma fille mieux que vous, rétorqua Hélène Fleming.

– Maman, s'il te plaît ! intervint Manon. J'aime tellement ce que je fais ! Ce n'est pas parce que tu as un problème avec les chevaux que je dois être comme toi.

Sa mère tressaillit.

– Soit ! céda-t-elle avec résignation. Tu as de la chance d'avoir un aussi bon avocat. Mais j'y mets une condition : je veux bien que tu ailles à la clinique le week-end et pendant les vacances, mais en période de cours, j'exige que tu passes au moins trois soirs par semaine à la maison. C'est à prendre ou à laisser.

Manon réfléchit avant de répondre :

– Et s'il se présente un cas particulier, comme Sudoku… on pourra en discuter ?

– On verra à ce moment-là, fit sa mère d'une voix radoucie.

– Merveilleux, approuva Damien Prigent. J'ai une dernière faveur à vous demander, madame. Me permettez-vous d'emmener Manon à la clinique pour qu'elle dise au revoir à Sudoku ?

Hélène Fleming soupira.

– Si vous voulez. J'irai la chercher dans une heure.

Elle se tourna vers Manon.

– Tu voulais aller à un concert, n'est-ce pas ? Je te conduirai directement à la salle polyvalente.

Manon ne savait pas si elle devait rire ou pleurer : elle avait le droit de retourner à la clinique, mais Sudoku lui était enlevé !

À peine descendue de voiture, quelques instants plus tard, Manon courut à l'écurie. Elle voulait être seule avec Sudoku avant que les adultes ne viennent le chercher.

Les oreilles en avant, il la regarda s'approcher.

– C'est vrai, tu es content de me voir ? murmura-t-elle à son oreille en lui caressant le front.

Elle sentit le souffle chaud de son haleine sur sa nuque et savoura cet instant.

Les pas de Julie et Damien ne tardèrent pas à se faire entendre derrière elle. Elle se retourna et demanda :

– Vous avez continué les flashs ?

– Loïc a appliqué à la lettre le programme que vous aviez établi ensemble, répondit la vétérinaire avec un sourire. Il y a trois jours, il a fait le test décisif : il l'a sorti de nuit sous la pluie et l'a ébloui avec un projecteur. Sudoku a sursauté – ça l'a rendu nerveux, bien sûr –, mais il s'est très vite calmé. Hier, on a recommencé, et il n'a pas bronché. Et donc, j'ai appelé Damien ce matin. Son cheval est en parfaite santé, il n'a plus rien à faire ici.

Damien tendit la main à Manon.

– Je tenais à ce que tu puisses lui dire au revoir. Je sais par Julie que tu t'en es merveilleusement bien occupée. Est-ce qu'il y a quelque chose que je peux faire pour toi ?

Manon hésita un instant avant de répondre :

– Ma copine Pauline rêve de monter en concours complet. Vous accepteriez de nous donner une leçon ? Elle s'est occupée de Cooper toute la semaine, ce serait un moyen de la remercier.

Damien sourit.

– Pas de problème. Je reviens dans la région au printemps. Je vous ferai connaître mes disponibilités par l'intermédiaire de Julie. Mais toi ? Qu'est-ce qui te ferait plaisir ?

– Vous avez déjà fait beaucoup en allant voir ma mère.

– Tant mieux si tu penses que ça a pu aider ! fit Damien. Mais tu sais, je suis très sérieux quand je dis que tu as un don. J'espère que tu en feras quelque chose.

Manon hocha la tête et déclara sur un ton solennel :

– Promis.

Elle banda les membres de Sudoku pour le transport, puis le sortit dans la cour et aida à le charger. Elle lui caressa le front une dernière fois, et descendit du camion par la cabine du chauffeur. Quelques instants plus tard, le van quittait la clinique. Julie et Manon le suivirent des yeux jusqu'à ce qu'il ait disparu.

– Vous croyez qu'ils seront prêts pour les championnats du monde ? s'enquit Manon.

– Tel que je connais Damien, il en serait bien capable ! répondit Julie en riant.

Hélène Fleming arriva peu après. En montant en voiture, Manon regarda sa montre.

– On aurait le temps de passer à la maison ? demanda-t-elle à sa mère. J'aimerais me changer.

Devant sa penderie, elle se trouva confrontée à un problème inattendu : elle ne savait pas quoi mettre : un jean ? Non, c'était trop quelconque. Et elle n'avait pas de haut vraiment sympa. Soudain, elle aperçut sa jupe à paillettes.

« Pourquoi pas ? se dit-elle. C'est l'occasion. »

Elle compléta sa tenue avec le top que sa mère lui avait offert pour son anniversaire, et se regarda dans le miroir d'un œil critique. Le bleu turquoise faisait ressortir le roux de ses cheveux, mais c'était plutôt réussi. En tout cas, une chose était sûre : elle ne risquait pas de passer inaperçue.

« Peut-être un peu trop habillé, se dit-elle. D'un autre côté, ça change des jeans et des sweats à capuche ! Espérons que ça plaise à Ben ! »

– Tu es la copine de Ben ? lui demanda la fille qui tenait la caisse à l'entrée de la salle polyvalente.

– Une copine, oui, acquiesça Manon.

– Entre ! fit la fille, qui mâchouillait un chewing-gum. Toujours tout droit !

Manon pénétra dans une grande salle encombrée de groupes de jeunes qui bavardaient bruyamment, des canettes de bière ou de coca à la main. En les voyant, elle se sentit ridicule. Qu'est-ce qui lui avait pris de mettre cette stupide jupe ?

Au même instant, la lumière s'éteignit. Les projecteurs illuminèrent l'estrade, et le groupe s'avança sur la scène. Ben, au milieu, tenait une guitare. Il s'approcha du micro et commença à chanter.

Manon était captivée, même si elle ne comprenait pas tout des paroles. Ben avait une voix chaude et profonde, bien plus basse que ce qu'elle aurait imaginé. Lorsque la première chanson fut terminée, elle s'approcha de la scène en jouant des coudes. Le second morceau était déjà beaucoup plus entraînant. Gagnée par le rythme, elle sentit des fourmis dans les pieds et fut prise d'une folle envie de danser.

C'était génial !

Son enthousiasme augmenta encore de morceau en morceau, jusqu'au moment où Ben annonça un entracte, et disparut dans les coulisses. La lumière revint. Manon était au milieu de jeunes qui mesuraient tous une tête de plus qu'elle. Elle tenta de se frayer un chemin vers la sortie, quand soudain, Ben se dressa devant-elle.

– Alors, ça t'a plu ? demanda-t-il.

– J'adore ! cria-t-elle pour couvrir le brouhaha. Je ne savais pas que tu avais une voix comme ça !

Ben la prit par le bras. Penchant la tête vers elle, il lui dit à l'oreille :

– Ta copine, c'est réglé ?

Le visage de Manon s'illumina.

– Oui, enfin ! Merci pour le conseil.

Désignant la buvette du menton, elle ajouta :

– Tu veux boire quelque chose ?

Il secoua la tête.

– Pas le temps, faut que j'y retourne. On se retrouve après ?

– D'ac ! acquiesça Manon.

– Super ! se réjouit-il.

Il se retourna pour rejoindre son groupe, mais se ravisa et dit en pointant l'index vers elle :

– T'as un look d'enfer, tu sais ! Moi qui croyais que tu n'avais que des jeans et des sweats à capuche ! Trop cool !

Stupéfaite, Manon le regarda s'éloigner. Elle avait les jambes en coton.

« Et moi qui croyais que tu n'étais qu'un crétin fini ! », pensa-t-elle avec une grimace.

Pendant la deuxième partie du concert, elle fit comme les autres et se mit à danser. Et lorsque la musique s'arrêta, elle applaudit à tout rompre.

« Si Carole savait ! songea-t-elle. Il faudra absolument que jc lui dise combien il est doué. »

Aurait-elle le même succès avec Carole que Damien Prigent avec sa mère ? Ce n'était pas sûr. Cependant, elle se promit de plaider la cause de Ben comme Damien avait plaidé la sienne.

Peut-être qu'alors Benjamin pourrait réaliser son rêve de devenir musicien, et elle vétérinaire !

Glossaire

Antalgique (ou analgésique) : Médicament qui prévient ou diminue la sensation de douleur.

Assiette : Qualité qui permet au cavalier de demeurer maître de son équilibre, en toutes circonstances, quelles que soient les réactions du cheval.

Avulsion dentaire : Extraction d'une dent. Les dents du cheval ont une croissance continue. L'alimentation distribuée doit donc permettre l'usure progressive de quelques millimètres par an, afin que les dents aient toujours une longueur constante.

Bandages : Tout comme les bandages d'exercice et de marche, les bandages de protcction permettent de maintenir les jambes du cheval malade au chaud, de soigner, de protéger les jambes contre les blessures et de soutenir les extenseurs.

Boulet : Jointure de la jambe du cheval.

Chambrière : Manche fin et équilibré d'environ 1,60 m, prolongé d'une lanière de cuir de 2 à 3 m, appelée « mèche », utilisé pour donner des indications au cheval lors du travail en liberté à la longe. Elle ne doit en aucun cas servir à frapper le cheval.

Concours complet : Sport équestre et discipline olympique, qui consiste à enchaîner trois épreuves : le dressage, le cross et le saut d'obstacles.

Endoscopie digestive : Procédure médicale qui permet au médecin de regarder directement la surface interne de la paroi intestinale à l'aide d'une caméra vidéo à haute résolution fixée à l'extrémité d'un tube flexible (ou « endoscope »). L'endoscope permet en outre au médecin de prélever des échantillons de la paroi intestinale (pratiquer des biopsies) et/ou d'enlever des polypes.

Étoile : Tache blanche en forme d'étoile sur le front du cheval.

Fjord : Considéré comme appartenant à une des races les plus pures au monde, le fjord possède des origines lointaines et floues. On se plaît à le nommer « cheval des Vikings », et il est probable qu'il descend des chevaux primitifs et sauvages du nord de l'Europe, d'où son nom.

Marcheur : Dispositif couvert qui permet un entraînement contrôlé de plusieurs chevaux simultanément sur une piste motorisée.

Pathogène : Se dit d'un milieu, d'un agent ou d'une bactérie qui engendre des maladies.

Pouliche : Jeune jument de moins de trois ans.

Pur-sang : Cheval de selle de pure race.

Pur-sang anglais : cheval inscrit au *stud-book* (registre portant le nom, la généalogie et les performances des chevaux) dont les ascendants (père et mère) appartiennent tous à une race issue d'un mélange des meilleures juments anglaises du terroir et d'étalons arabes.

Le pur-sang anglais est arrivé en France sous la Restauration. En 1833, à la création du jockey-club de Paris, le gouvernement français établit un *stud-book* français. En faisant se croiser les meilleures poulinières françaises aux étalons pur-sang anglais, les pur-sang anglais élevés en France ont pu rivaliser avec les pur-sang anglais nés en Angleterre. Bientôt, il n'a plus été possible de distinguer les uns des autres.

Quarter horse : Race originaire des États-Unis, originellement sélectionné sur sa rapidité dans les courses de sprint d'un quart de mille, d'où son nom.

Regimber : Ruer, se cabrer en refusant d'avancer, se montrer récalcitrant.

Septicémie : Infection généralisée de l'organisme.

Surfaix : Large courroie, entourant le thorax du cheval, servant à fixer une couverture, une selle ou la longe.

Trot : Allure à deux temps séparés par un temps de suspension. La qualité du trot se mesure par la régularité et l'élasticité des foulées, ainsi que par l'aptitude à conserver le même rythme et un équilibre naturel.

Si tu as aimé ce deuxième tome de

Manon
Cavalière et vétérinaire

découvre vite un extrait de la suite :

Une épidémie suspecte

– Encore un ! s'exclama Carole en regardant dehors. Décidément, c'est de la folie !

Tournant la tête, Manon vit arriver un vieux van attelé à une Jeep rouge flambant neuve. C'était son premier jour de vacances et elle se faisait une fête de revenir à la clinique. La perspective de travailler dur ne l'affolait pas, bien au contraire.

– C'est le cinquième depuis ce matin, expliqua la secrétaire. Le premier était là avant moi. Et, depuis, les urgences se sont succédé non-stop.

Comme pour lui donner raison, la conductrice de la Jeep entra en trombe et lança d'une voix paniquée :

– J'ai besoin d'un vétérinaire ! Vite ! Suleika perd tout son sang !

Manon se livra à un rapide calcul : d'après ce qu'elle avait vu en effectuant un tour rapide à l'écurie, le Dr Verdier était au bloc avec un cas de colique à opérer en catastrophe, il n'était donc pas question de la déranger. Quant à Loïc Béranger, son assistant, il était occupé par des soins dentaires et ne serait pas libre avant un moment. Par conséquent…

Elle esquissa un sourire poli :

– Venez. Pour commencer, on va décharger votre cheval. Et on va l'installer dans un box en attendant qu'un vétérinaire soit disponible.

Sur ces mots, elle sortit dans la cour et se dirigea à grands pas vers le van, suivie de la propriétaire abasourdie. Manon était très menue pour son âge et, avec sa tignasse rousse, elle ne paraissait vraiment pas ses quinze ans. Le professionnalisme avec lequel elle s'adressait aux clients les surprenait toujours.

– Que s'est-il passé ? demanda-t-elle sur un ton volontairement neutre tandis que la jeune femme abaissait le pont.

Forte de son expérience des mois précédents, elle savait que la première chose à faire quand un propriétaire débarquait avec un animal blessé était de le rassurer. Il était rare que la situation soit aussi grave qu'il n'y paraissait.

– Suleika a dû se prendre dans des barbelés, supposa la propriétaire. Cependant, je ne comprends pas comment elle a pu se mettre dans cet état-là.

Manon allait lui répondre une banalité, mais ce qu'elle découvrit la laissa sans voix. La solide jument immobile dans le van présentait une plaie béante à la croupe, si profonde qu'elle laissait voir les muscles et les chairs à vif. Son arrière-train et ses postérieurs étaient entièrement rougis par le sang.

Manon, qui avait pourtant l'estomac bien accroché, fut prise de nausée. Réprimant un haut-le-cœur, elle tenta de se rappeler ce que Julie Verdier avait l'habitude de dire dans ces cas-là. À son grand étonnement, les mots lui vinrent spontanément aux lèvres :

– Mmh… pas très joli, c'est vrai. Mais ça ne me paraît pas dramatique : elle ne saigne pas par à-coups, c'est signe que les artères principales ne sont pas touchées. Et un cheval peut perdre beaucoup de sang sans que ça porte à conséquence. Mais il faudrait quand même la recoudre sans tarder…

La propriétaire acquiesça d'un signe de tête. Elle était très pâle.

Avec précaution, Manon fit descendre la jument du van. Un 4 X 4 noir entra alors dans la cour. Quelques secondes plus tard, un petit gros au crâne rasé en descendait. Il se dirigea en se dandinant vers le bureau.

« Au moins un qui ne nous amène pas de cheval ! » songea Manon.

Se tournant vers la propriétaire, elle suggéra :

– Si vous voulez bien me suivre…

Composé par Nord Compo Multimédia
7, rue de Fives, 59650 Villeneuve-d'Ascq